レートを、次は作って楽しみ、さらに美味しいと感じて頂きたいという思いで作りました。

大勢で楽しめる“ホール菓子、タルト”、お土産にも出来る“焼き菓子”、おやつやおもてなし菓子にもなる“小さいお菓子”や“デザート”“トリュフ、コンフィズリー”、自宅で気軽に楽しめる“ドリンク”とテーマ別に、55のレシピをご紹介します。カカオ分が異なる5種類の“エクセレンス”を使ったレシピは、それぞれが持つカカオの多面的な風味や特徴が十分に味わえるお菓子です。また、ストロベリーやオレンジなど、フレーバー風味が生きてい菓子にも個性を出してくれ以上含む“レ・グランデ”シツたっぷりのザクザク食感のトロッと溶ける“リンドール”やパリっとした極薄の“スイスシン”も、その特徴を生かした楽しいレシピが出来ました。

すべてのレシピは、5つのプロセスで構成されていますので、1つ1つのプロセスを丁寧にこなせば、お菓子が完成します。作業における細かなコメントは、「Q&A」のページで解説していますので、ふと疑問に思った時は参考にしてみてください。

お好みのリンツチョコレートで、さまざまなシーンに合わせて、気軽にチョコレートを味わうように、お菓子作りをお楽しみください。
好みのチョコレートを味わいながら、この本を読んで、完成したお菓子をちょっと想像してみるだけでも美味しい時間が楽しめるかもしれません。

## Gâteaux de Voyage
焼き菓子

## Entremets, Tartes
ホール菓子、タルト

## Petits Gâteaux
小さいお菓子

## Desserts
デザート

## Truffes, Confiserie
トリュフ、コンフィズリー

## Boissons
ドリンク

# History of Lindt Chocolate

リンツのチョコレートの歴史

## シュプルングリーが
## スイス・チューリッヒで創業

はじまりは1845年、スイス・チューリッヒの
小さなコンフィズリーで、コンフィズリー職人
であったダフィート・シュプルングリー・シュ
ヴァルツ[1]とその息子のルドルフ・シュプル
ングリー・アマン[2]が、固形チョコレートの製
造を開始しました。

## リンツが「コンチング・マシン」を発明

一方、1879年、スイス・ベルン[3]で、チョコ
レート職人であったロドルフ・リンツ[4]が、
チョコレートのなめらかな口どけと風味を引き
出すために欠かせない、液状のチョコレート
を撹拌しながら長時間練り混ぜる製造工程
「コンチング」を考案、その機械「コンチング・
マシン[5]」を発明しました。初期に用いられ
ていた機械の撹拌槽がコンチ（巻き貝）の形
に似ていたことから名付けられたといわれて
います。摩擦と熱によって、チョコレートの
酸味や渋味が抑えられ、水分も蒸発すること
で、風味が高まり、なめらかになるといわ
れています。

上から：（1）ダフィート・シュプル
ングリー・シュヴァルツ（2）ルドル
フ・シュプルングリー・アマン（3）
ベルンのチョコレート工場（4）ロド
ルフ・リンツ

（5）コンチング・マシン

### なめらかで香り高い
### チョコレートの誕生秘話

それまでなめらかさに欠けていた
チョコレートに革新をもたらしたこの
発明は、ロドルフ・リンツが間違えて
チョコレートを撹拌し続けたことが
きっかけで考案されたといわれてい
ます。薬剤師の兄のところで失敗
作を分析してもらうなど、試作を繰り
返していたある金曜日の夜、その日
の仕事を投げ出し、あろうことか機
械を止めずに帰ってしまいました。
急いでいたのか、敢えてそうしたの
か、何かの予感がそうさせたのか、
機械は週末中ずっと稼働し続けま
した。週明けの月曜日、ロドルフ・リ
ンツは工場で目にした光景にショッ
クを受けました。撹拌槽の中に、輝
きを放つ、美味しそうな匂いの、な
めらかなチョコレートがありました。

その時初めて、今ではあたりまえと
なっている、口の中でとろける、な
めらかで香り高いチョコレートを味
わったのです。まさに至福の瞬間
でした。

### 「ショコラ・フォンダン」が大ヒット

1879年、ロドルフ・リンツは、とろけ
るチョコレートを意味する「ショコ
ラ・フォンダン[6]」を発売しました。
多くの人々がなめらかな口どけの
チョコレートの秘密を探り続けまし
たが、幸運なことに成功した者はお
らず、ロドルフ・リンツの元に注文が
殺到しました。

（6）ショコラ・フォンダン

## History of Lindt Chocolate
### リンツの チョコレートの歴史

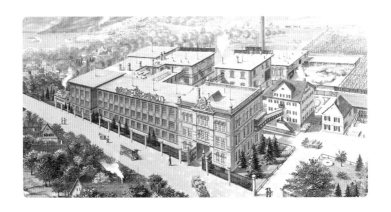

### リンツ＆シュプルングリーの はじまり

1898年、増え続けるショコラ・フォンダンの注文に製造が追いつかないロドルフ・リンツに会いにきたのが、チューリッヒでチョコレート製造においてすでに高い評価を得ていた裕福な実業家のルドルフ・シュプルングリー・アマンの長男、ヨハン・ルドルフ・シュプルングリーでした。同じくチョコレート職人として、そして起業家精神の持ち主としても有名だったヨハン・ルドルフ・シュプルングリーは、お互いに有利なオファーを持ちかけました。シュプルングリーはチューリッヒ近郊のキルシュバーグに近代的な工場を設立する代わりに、リンツはなめらかな口どけのチョコレートの秘密を打ち明けることにしたのです。リンツのベルン工場の従業員は全員引き継がれ、認定者以外は工場への立入を禁止して、ショコラ・フォンダンは大切に守られながら製造されました。1899年、社名を「チョコレート製造会社リンツ＆シュプルングリー」に改名し、現在のリンツのチョコレートに至る礎を築きました。

### プレミアムチョコレートブランド 「Lindt リンツ」

今では当たり前となっているチョコレートのなめらかな口どけを初めて可能にした「ロドルフ・リンツ」の情熱と功績に敬意を表し、チョコレートのブランド名は、彼の名「リンツ」に由来します。そして1845年以来、スイス生まれのプレミアムチョコレートブランドとして、世界中で愛され続けています。

# Lindt Difference

リンツのチョコレートはなぜこんなに
おいしいのでしょうか？

 ## 最高級のカカオ

リンツの格別な美味しさの根底に
は、世界有数のカカオの産地から厳
選された上質なカカオ豆の独自の
加工とブレンド方法があります。サ
ステナビリティ（持続可能性）を大切
にしているリンツでは、リンツ＆シュ
プルングリーファーミングプログラム
によって、カカオ農家とそのコミュニ
ティを支援しています。

 ## 独自の焙煎・グラインド製法

数十年かけて完成された独自のプ
ロセスで、リンツのメートル・ショコ
ラティエはカカオ豆を最適なフレー
バーに焙煎し、非常に細かくグライン
ドします。このプロセスがリンツの
素晴らしいとろける味わいには必要
不可欠なのです。

## リンツの発明

1879年、ロドルフ・リンツは、温めて液状になったチョコレートを撹拌し続けることでリンツチョコレートのこの上ないなめらかさを生み出す「コンチング」のプロセスを発明し、チョコレートの製造技術に革命を起こしました。

 ## カカオ以外の食材も最高クラス

リンツのメートル・ショコラティエは、世界の有名産地から厳選した最高級の食材のみを調達して加工しています。たとえば、ローストしたナッツの香ばしさを保つため、ナッツは自家焙煎し、新鮮な状態でチョコレートに加えられます。

 ## 完璧な仕上げ

リンツのメートル・ショコラティエは、細部にわたり細心の注意を払い、最後のひと手間をかけ、愛情をこめてデコレーションを施し、美しいパッケージに包まれた最高傑作を送り出します。

# Gâteaux de Voyage

焼き菓子

マルセル・プルーストの長編小説「失われた時を求めて」。マドレーヌを紅茶に浸して口に入れた瞬間、幼少期の記憶が鮮やかに甦ります。このチョコレートマドレーヌで、優しい甘い記憶が残ってくれると嬉しいです。

# *Chocolate Madeleine*

チョコレート マドレーヌ

**4×6cmのマドレーヌ**
**各15ヶ分**

**ダークフランボワーズ**

全卵　1ヶ
グラニュー糖　40g
ハチミツ　10g
牛乳　25ml
小麦粉　75g
ベーキングパウダー　3g
無塩バター　40g
EX／フランボワーズ　50g

**ミルクプラリネ**

全卵　1ヶ
グラニュー糖　30g
ハチミツ　10g
牛乳　25ml
小麦粉　75g
ベーキングパウダー　3g
無塩バター　40g
EX／エキストラクリーミー　30g

プラリネペースト　20g

**ホワイトメープル**

全卵　1ヶ
メープルシュガー　20g
メープルシロップ　30g
小麦粉　75g
ベーキングパウダー　3g
無塩バター　40g
EX／ホワイトバニラ　30g

粉糖　適宜

**型用**

バター　適量
小麦粉　適量

*1.* **オーヴンと型**：オーヴンの予熱を180℃にする。マドレーヌ型の内側に、やわらかいバターを刷毛で塗る。小麦粉をまぶし、余分な粉は落とす。

*2.* **マドレーヌ生地（ダークフランボワーズ）**：小麦粉とベーキングパウダーをふるう。バターとチョコレートをボウルに入れて溶かす。別のボウルに卵、グラニュー糖、ハチミツを入れてよく混ぜ、牛乳を加える。粉類を加え、ダマが残らないように混ぜ合わせる。最後にバターとチョコレートを加え、ラップフィルムをかぶせて冷蔵庫で30分〜60分休ませる。

*3.* **その他の生地**：ミルクプラリネは、ダークフランボワーズの生地の作り方と同じ。ホワイトメープルは、作り方は同様だが、グラニュー糖の代わりにメープルシュガー、ハチミツの代わりにメープルシロップを加える。

*4.* **焼成**：生地を絞り袋に詰めて、型の3/4分目あたりまで入れる。オーヴンに入れ、12〜15分焼成する。焼成後、ケーキクーラーにのせて冷ます。

*5.* **仕上げ**：ミルクプラリネは、焼成後、パイピング用コルネに詰めたプラリネペーストを、マドレーヌの凸部分から充填する。ホワイトメープルにお好みで粉糖をふる。

---

**チョコレートにまつわる美味しい話 No.1**
ホワイトメープルには、ミルク成分の多いホワイトチョコレートを使用しているので、牛乳を入れる必要はないが、生地は充分にやわらかく仕上がる。

塩味が効いたマイルドなダークチョコレートとそば粉の組み合わせは、素朴さの中にシャープさを演出してくれ、ほんのり香るそば粉の生地をサクサク噛んでいくと、散りばめられたカカオの風味が口の中に広がります。

# *Dark Sea Salt & Buckwheat Cookie*

## ダークシーソルトとそば粉のクッキー

### クッキー 20~25枚分

小麦粉　100g
そば粉　40g
アーモンドパウダー　10g
カカオパウダー　小さじ1
ベーキングパウダー　1g
カソナード　80g
有塩バター　100g
全卵　1ヶ
EX／シーソルト　60g

海塩　適量
そば粉（打ち粉用）　適量

*1.* 準備：バターはあらかじめ室温に戻しておく。チョコレートを細かく刻む。小麦粉、そば粉、アーモンドパウダー、カカオパウダー、ベーキングパウダーを一緒にふるう。

*2.* 生地：バターとカソナードをボウルに入れ、よくすり混ぜる。次に、溶きほぐした全卵を少しずつ加え混ぜ、乳化させる。バター生地の中に粉類を少しずつ加え、練らないように、さっくり混ぜる。生地が均一な状態になったら、最後に刻んだチョコレートを加え混ぜる。生地をひとつにまとめる。

*3.* 成形：打ち粉をした作業台の上にのせ、直径4cmくらいの筒状になるように、転がしながら成形する。ラップフィルムで包んで、冷蔵庫で最低3時間休ませる。［＊時間があれば一晩冷蔵庫で休ませる。］

*4.* オーヴン：オーヴンの予熱を160℃に上げる。

*5.* 焼成：ラップフィルムを巻いたまま、6～7mmの厚さに切り分ける。ラップフィルムを外してオーヴン用天板に並べる。生地の中央を親指の腹でかるく押さえ、海塩をふりかける。［＊または、丸形のシリコン型に入れて焼成すると、生地に厚みを残すことが可能。］オーヴンに入れ、15～20分焼成する。焼成後、ケーキクーラーにのせて、完全に冷ます。

---

**チョコレートにまつわる美味しい話 No.2**
焼成時間が15分くらいの場合、生地がしっとり、そば粉の風味が残る。そば粉の風味は弱くなるが、サクサクの食感をつけたい場合は、20分くらい焼く。

上品な甘みと質の良いミルクのバランスがとれたエクセレンス ホワイトバニラには、レモンの風味がとてもよく引き立ちます。アイシングにもチョコレートを使い、コクあるレモンケーキです。

# White Chocolate & Lemon Weekend
## ホワイトチョコレートとレモンのウィークエンド

**3×7cmのケーキ12ヶ分**
**15〜18×20〜23cmの**
**カードル**

**ケーキ生地**

全卵　3ヶ
グラニュー糖　120g
小麦粉　140g
ベーキングパウダー　小さじ1
ハチミツ　10g
無塩バター　50g
生クリーム　50ml
EX／ホワイトバニラ　50g
レモン　1ヶ
レモンピール　20g
レモンチェッロ　適量

**チョコレート アイシング**

EX／ホワイトバニラ　100g
粉糖　大さじ1
生クリーム　50ml

**デコレーション**

レモンピール　適量

*1.* **オーヴンと型**：オーヴンの予熱を180℃に上げる。オーヴン天板にクッキングシートを敷き、カードルをのせる。

*2.* **ケーキ生地**：ボウルに刻んだチョコレートと生クリーム、バターを入れ、湯煎にかけて溶かす（A）。レモンは皮をおろし金ですりおろし、1/2ヶ分の果汁を絞る。レモンピールを刻む。別のボウルに卵を割りほぐし、グラニュー糖を加え、クリーム色になるまで泡立て器で混ぜる。ハチミツとレモンの皮、果汁、レモンピールを加える（B）。小麦粉、ベーキングパウダーを一緒にふるう。ダマが残らないようにBの中に少しずつ加え、切るようにさっくりとゴムベラで混ぜ合わせる。最後にAを加える。

*3.* **焼成**：型に生地を流し入れる。オーヴンに入れ、約40分焼成する。表面に焼き色がついたら、途中で160℃に温度を下げる。焼成後、型から取り出し、ケーキクーラーにのせ、熱いうちにレモンチェッロを刷毛でしみ込ませ、そのまま完全に冷ます。

*4.* **チョコレートアイシング**：ボウルに刻んだチョコレートと粉糖を入れ、ひと煮立ちさせた生クリームを加え、完全に溶かす。

*5.* **仕上げ**：生地が冷めたら、周囲の硬い部分を少し切り落とし、3×7cmの長方形に切り分ける。生地の表面にアイシングをコーティングして、細切りにしたレモンピールを飾り、冷蔵庫に入れてアイシングを固める。

---

**チョコレートにまつわる美味しい話 No.3**
キメの細かいしっとりした生地。ケーク型で焼き上げ、粉糖で作るアイシングだけでシンプルに仕上げても美味しいレモンケーキが味わえる。ケーク型で焼く場合は、焼成時間が少し長くなる。

ゴロゴロとミントチョコレートをのせた食べ応えある濃厚なクッキー。センターにしのばせた甘酸っぱいカシスジャムが、ミントの風味とうまくマリアージュした、風味も食感もクラフトクッキーならではの贅沢な仕上がりです。

# Mint Chocolate Chunk Cookie

ミントチョコレート チャンク クッキー

### 約24ヶ分

無塩バター　60g
きび砂糖　60g
全卵　1.5ヶ
小麦粉　20g
米粉　50g
ベーキングパウダー　小さじ1
ダイジェスティブビスケット　50g
EX／ミント　150g

カシスジャム（市販品）適量

1. **オーヴン**：オーヴンの予熱を160～170℃に上げる。

2. **準備**：バターは室温に戻しておく。小麦粉とベーキングパウダー、米粉を一緒にふるう。チョコレート100gをボウルに入れて湯煎で溶かす。残り50gは約5mmの角切りにして、冷蔵庫に入れておく。

3. **クッキー生地**：柔らかいバターときび砂糖をすり混ぜる。溶きほぐした卵を少しずつ加えて乳化させ、溶かしたチョコレートの$1/3$量を加える（A）。ダイジェスティブビスケットをビニール袋に入れ、めん棒を転がして砕く。ボウルに移して、溶かしたチョコレートの残り$2/3$量を加え、均等になるまで混ぜる（B）。Aの中に粉類を入れ、さっくり混ぜ合わせ、最後にBを加え混ぜる。ラップフィルムを被せて冷蔵庫で冷やし、絞り出しやすくするために、生地を少しかたくする。

4. **成形**：星形の口金を付けた絞り袋に詰める。オーヴン天板に直径3cm大に絞り出し、その上に小さじ$1/2$程度のカシスジャムをのせる。ジャムが完全に隠れるように、周囲から中央に向かって渦巻状に生地を絞る。2の角切りチョコレートを散らす。

5. **焼成**：オーヴンに入れ、15～20分焼成する。焼成後、ケーキクーラーの上で完全に冷ます。

**チョコレートにまつわる美味しい話 No.4**
星形の口金を用いると、焼成した時に均等にきれいに膨らむ。よりクラフト感ある仕上がりにしたい時は、丸形の口金を用いるか、スプーンで生地をすくいオーヴン天板に無雑作にのせれば、ゴツゴツとした素朴さが出る。

キャラメルで飴色に煮たリンゴは甘く、どこかほろ苦さを感じます。マイルドな苦味と甘さのバランスのあるエクセレンス キャラメルシーソルトと似たこの2つの味が、パウンドケーキの中でうまく出会いました。

# Apple & Caramel Chocolate "Quatre-Quarts"
## リンゴとキャラメルチョコレートのカトル カール

**7.5×18×H6.5cmの
ケーク型1台分**

**リンゴのキャラメリゼ**

リンゴ　1～1.5ヶ
＊紅玉やグラニースミスが
お勧め
レモン果汁　$1/2$ヶ分
グラニュー糖　100g
水　50ml

**プレーン生地**

全卵　1ヶ
無塩バター　50g
グラニュー糖　50g
小麦粉　50g

**キャラメルチョコレート生地**

全卵　1ヶ
きび砂糖　25g
小麦粉　45g
ベーキングパウダー　1g
EX／キャラメルシーソルト　30g
生クリーム　10ml
有塩バター　10g

*1.* **オーヴンと型**：オーヴンの予熱を170℃に上げる。ケーク型に合わせて、クッキングシートをカットして入れる。

*2.* **リンゴのキャラメリゼ**：リンゴは皮をむいて、8等分のくし形に切り、芯と種を除去する。レモン果汁をかけておく。大さじ2杯分くらいのグラニュー糖を深鍋に入れ、中火でゆっくり溶かす。グラニュー糖が溶けてきたら、さらに同量のグラニュー糖を加えて溶かし、分量のグラニュー糖が全て溶けるまで同じ作業を繰り返す。濃いキャラメル色になり、キメの細かい気泡から大きな気泡に変わったら、すぐに火を止め、水50mlを注ぎ入れる。［＊キャラメルがはねて火傷しないように、水を入れたらすぐに鍋の蓋をかぶせる。］キャラメルの中にリンゴを入れ、再び蓋をして中火にかけ、キャラメルが染み込んで、果肉が飴色になるまで煮る。加熱後、リンゴはバットに取り出し、キャラメルの汁は残しておく。

*3.* **プレーン生地**：ボウルに卵を溶きほぐし、グラニュー糖と残しておいたキャラメルを全量加え、よく混ぜる。溶かしたバターを加え、ふるった小麦粉を入れ、さっくり切るように混ぜる。

*4.* **チョコレート生地**：ボウルにチョコレート、生クリーム、バターを入れて湯煎で溶かす。別のボウルに卵をほぐしてきび砂糖を加えてよくかき混ぜる。チョコレートの混ぜ液を加え、最後にふるった小麦粉とベーキングパウダーを入れ、切るようにさっくり混ぜる。

*5.* **焼成**：ケーク型の底にリンゴを隙間なくぎっしり並べる。まず、プレーン生地を流し、その上からチョコレート生地を流し入れる。オーヴンに入れ、40～50分焼成する。焼成後、クッキングシートごと型から取り出して、ケーキクーラーの上で冷ます。

---

**チョコレートにまつわる美味しい話 No.5**
リンゴを煮るキャラメルは、チョコレート生地とのバランスをとるために、カスタードプリンに使うキャラメルくらいに色濃く、少し苦味があるくらいに仕上げた方が美味しい。

"カントゥッチ"と呼ばれる、カリカリに堅く焼き上げたイタリアの伝統焼き菓子。レ・グランデのホワイトアーモンドが1枚あれば、ちょっとリッチなビスコッティがお家でも簡単に出来ます。

# White Chocolate Almond Biscotti

**ホワイトチョコレートとアーモンドのビスコッティ**

## ビスコッティ約32ヶ分

無塩バター　40g
グラニュー糖　120g
全卵　2ヶ
小麦粉　200g
アーモンドパウダー　80g
ベーキングパウダー　小さじ2
バニラビーンズペースト　大さじ$\frac{1}{2}$
LG／ホワイトアーモンド　150g

オリーブオイル　適量

*1.* **オーヴン：**オーヴンの予熱を160℃に上げる。

*2.* **生地：**アーモンドの粒がそのまま残るように、ホワイトチョコレートの部分だけを細かく刻む。小麦粉、アーモンドパウダー、ベーキングパウダーを一緒にふるう。ボウルに卵とグラニュー糖を入れ、グラニュー糖の粒子が溶けるまで、泡立て器で混ぜ合わせる。溶かしたバターとバニラビーンズペーストを加える。ゴムベラに持ち替え、チョコレート、粉類の順に加え混ぜ、ムラのない均一な状態にする。[*生地はかなりベタベタしたやわらかい状態。]バットにラップフィルムを広げて、その上に生地を移して包む。冷蔵庫または冷凍庫で1時間ほど休ませる。

*3.* **成形と焼成：**生地を4等分に分ける。各生地を約6×12cmの長方形に成形し、表面に薄くオリーブオイルを塗る。焼成すると生地が広がるので、オーヴン天板の大きさに応じ、間隔を充分に空けて生地をのせる。オーヴンに入れる。25〜30分焼成したら、一度オーヴンから取り出す。

*4.* その間にオーヴンを140℃に下げておく。生地の粗熱が取れたら、1.5〜2cm幅の棒状に切り分ける。[*目安：1つの生地を8等分に切り分ける。]生地の切断面を上に向けて天板に並べる。再びオーヴンに入れて約20分焼成する。焼き色を均等につけるため、途中で、生地の表裏を返す。

*5.* 焼成後、ケーキクーラーにのせて完全に冷ます。乾燥剤と一緒に保存ビンに入れ、涼しい場所で2週間ほど保存可能。

**チョコレートにまつわる美味しい話 No.6**
レ・グランデには、約30%ものアーモンドが含まれているので、1枚使用すれば充分に食感は楽しめる。お好みでさらにアーモンドを追加しても良い。

4つの材料全てが同割で配合されている"カトル・カール $4/4$"のレシピをベースに、リンツらしく、さらに同割のチョコレートを加え、全て $1/5$ ずつで作る、チョコレート風味豊かなパウンドケーキ。

# One-fifth Chocolate
## $1/5$ のチョコレート

**4×9×H4cmの
ミニケーク型6ヶ分**

**チョコレートケーク生地**
全卵　2ヶ
グラニュー糖　100g
小麦粉　100g
無塩バター　100g
EX ／ 70% カカオ　100g

**コーティング**
EX ／ ホワイトバニラ　150g
グレープシードオイル　15ml

**型用**
バター　適量
小麦粉　適量

*1.* **オーヴンと型**：オーヴンの予熱を170℃に上げる。型の内側にバターを刷毛で塗り、小麦粉をまぶす。または、クッキングシートを型に合わせてカットして入れる。

*2.* **チョコレートケーク生地**：チョコレートを刻み、バターと一緒に溶かす。ボウルに卵とグラニュー糖を入れ、クリーム色のボリュームある状態になるまでしっかり泡立てる。［＊ハンドミキサーで泡立てても良い。］ふるった小麦粉を加え、切るようにさっくり混ぜる。最後に溶かしたチョコレートとバターを加え、ムラのない均一な状態になるまで混ぜる。

*3.* **焼成**：生地を型の中に流し入れる。オーヴンに入れ、15〜20分焼成する。焼成後、型から取り出して、ケーキクーラーの上に移して完全に冷ます。

*4.* **コーティング**：ホワイトチョコレートを刻んでボウルに入れ、湯煎で溶かす。湯煎から外して、静かに混ぜながら、人肌より少し低め（28℃前後）になるまで温度を下げる。最後にグレープシードオイルを加え、なめらかな状態にする。

*5.* **仕上げ**：バットに網をのせて、冷めたケークを並べる。上から、ホワイトチョコレートでコーティングする。

---

**チョコレートにまつわる美味しい話 No.7**
コーティングに使用するチョコレートを、70％カカオに変えれば、濃厚なダークチョコレートケークに仕上がる。

軍人階級の一つである元帥、その地位を示す杖を象った「元帥の杖」という名のフランスの焼き菓子。アーモンドがフワッと香るシンプルな材料で作られた生地に、70％カカオの風味が光ります。

# Bâtons de Maréchaux

バトン ド マレショー

卵白　60g
グラニュー糖　20g
アーモンドパウダー　50g
粉糖　50g
コーンスターチ　10g
アーモンドダイス　50〜80g

**EX／70％カカオ**　100g

## 1. オーヴン：オーヴンの予熱を180℃に上げる。

## 2. 生地：卵白を泡立て器でほぐし、泡立ち始めたら、グラニュー糖を2回に分けて加えながら、軽く角が立つまで泡立てる。アーモンドパウダー、粉糖、コーンスターチを一緒にふるい、ダマが出来ないように、さっくりと切るように混ぜる。口径約1cmの口金を付けた絞り袋に生地に詰める。

## 3. 成形と焼成：オーヴン天板にクッキングシートまたはシリコンシートを敷き、長さ8cmくらいの棒状に絞り出す。上からアーモンドダイスを散らす。生地が隠れるくらいたっぷりかけても、ところどころに生地が見える程度でも好みで加減する。オーヴンに入れ、10〜15分焼成する。焼成後、ケーキクーラーに移して完全に冷ます。

## 4. チョコレートのテンパリング：ボウルに刻んだチョコレートを入れ、湯煎にかけて溶かす。完全に溶けたら、湯煎から外して空気を入れないように、ゴムベラで静かに混ぜる。温度計を使い、27〜28℃まで温度を下げる。再び湯煎に数秒かけ、すぐに外して、31〜32℃まで上げる。［＊湯煎にかけ過ぎて、温度が上がり過ぎないように注意する！］

## 5. 仕上げ：生地の平らな面にチョコレートをパレットで塗り、ケーキクーラーの上にのせる。チョコレートが完全に固まったら向きを変えて、アーモンドが付いている面を上にする。余ったチョコレートをパイピング用コルネに詰めて、表面に絞り出してデコレーションする。

---

**チョコレートにまつわる美味しい話 No.8**
ミルクチョコレートが好みの場合は、エキストラクリーミーで仕上げても良い。

ヘーゼルナッツは、チョコレートと混ぜた"ジャンドゥーヤ"や、フレーバーコーヒーに用いられるほど、両者共に相性の良い食材です。ヘーゼルナッツ、チョコレート、コーヒーの味がギュッと詰まった食べやすいミニケークです。

# Hazelnuts & Coffee Marble Cake

## ヘーゼルナッツとコーヒーのマーブルケーク

**9×4×H4cmの
ミニケーク型7ヶ分**

### ケーク生地

無塩バター　80g
カソナード　90g
全卵　2ヶ
小麦粉　80g
ヘーゼルナッツパウダー　10g
ベーキングパウダー　2g
LG／ダークヘーゼルナッツ 90g
インスタントコーヒー　5g
生クリーム　30ml

### ヘーゼルナッツの
キャラメリゼ

ヘーゼルナッツ　100g
グラニュー糖　60g
水　20ml
バター　10g

*1.* **オーヴンと型**：オーブンの予熱を170℃に上げる。ケーク型に合わせて、クッキングシートをカットして入れる。

*2.* **準備**：バターを室温に戻しておく。小麦粉とヘーゼルナッツパウダー、ベーキングパウダーを一緒にふるう。チョコレートを粗く刻んで溶かす。生クリームを温めて、インスタントコーヒーを加えて溶かす。

*3.* **ヘーゼルナッツのキャラメリゼ**：鍋にグラニュー糖と水を入れ、沸騰させる。少し煮詰めてヘーゼルナッツを加え、シロップがナッツ全体に絡まるまで木ベラで混ぜる。一度火を止めて、シロップが白く結晶化するまで混ぜ続ける。再び火にかけて、表面のグラニュー糖が溶けてキャラメリゼされるまで、混ぜながら加熱を続ける。パチパチと音がしてきたら火を止めて、最後にバターを混ぜる。シリコンシート（またはバットにクッキングシートを敷く）の上に移す。フォークを使って、ナッツがくっつかないように、バラバラに広げて冷ます。

*4.* **生地**：*2*のバターとカソナードをクリーム状になるまで泡立て器で混ぜる。ほぐした卵を少しずつ加えて乳化させる。粉類を加え、切るようにさっくり混ぜる。生地を2つのボウルに均等に分ける。1つには、溶かしたチョコレートを加え、もう1つには、コーヒークリームを加える。それぞれ絞り袋に詰める。*3*のヘーゼルナッツを半分に切り、切断面が型底に接地するように並べる。型の高さの$^{3}/_{4}$くらいまで、2種類の生地をジグザクに絞り出す。

*5.* **焼成**：オーブンに入れ、約35分焼成する。焼成後、型から取り出して、ケーキクーラーの上で冷ます。

---

**チョコレートにまつわる美味しい話 No.9**
ヘーゼルナッツのキャラメリゼの工程を省いても、レ・グランデに含まれるたっぷりのヘーゼルナッツだけでこのケークの美味しさは充分！ミニケーク型がない時は、カードルを使い、一口大に切り分けても良いでしょう！

噛めばパリッと、口の中に入れると瞬く間になめらかに溶けていく、リンツのチョコレートの中で最も薄いスイスシン。1枚のスイスシンをサンドしたサクサクのパイ菓子は、まるで秋風に舞い散る木の葉のようです。

# Swiss Thins Leaf Pie

**スイスシン リーフパイ**

### リーフパイ9ヶ分

冷凍パイシート　300g
スイスシン　9枚
　*ダーク、ミルク、ミルク
　オレンジ、お好みで。

強力粉（打ち粉用）　適量
卵（溶き卵用）　1ヶ分
カソナード　20g
アーモンドダイス　10g

*1.* 作業台に打ち粉をして、冷凍パイシートの半分を約25×25cmの大きさに伸ばす。縦、横をそれぞれ3等分にして、9枚のシートをとる。もう1枚も同じ作業を行い、冷蔵庫または冷凍庫で30分〜60分休ませる。

*2.* 1枚のシートを縦7〜8cm、横6〜7cmのやや楕円形になるように、菊形の抜き型で抜く。18枚全てのパイシートを同じ大きさにする。再び冷蔵庫に入れる。[*折パイ生地は、やわらかくなるとくり抜いた時に層が潰れてしまうので、1枚ずつ取り出して作業する。]

*3.* **オーヴン**：オーヴンの予熱を200℃に上げる。

*4.* 溶き卵を生地の周囲に刷毛で塗り、中央にスイスシンを1枚のせて、もう1枚のパイシートをかぶせる。ペティナイフの背側で、生地の縁を押さえるようにして、2枚の生地をしっかり貼り合わせる。生地の表面に薄く溶き卵を塗る。

*5.* **焼成**：●1回目→オーヴンに入れ、15分焼成して、生地がしっかり膨らんだことを確認できたら、一度、天板ごと取り出す。この間にオーヴンの予熱を170℃に下げる。生地の上にクッキングシートをかぶせ、もう1枚の天板をのせる。均等な圧力を加えて、膨らんだ生地を潰す。●2回目→天板とシートを外して、今度は生地の上に網をのせ、オーヴンに入れ、10分焼成する。再度オーヴンから取り出す。この間に再びオーヴンを200℃にする。●3回目→生地の表面に溶き卵を軽く塗り、カソナードを均等にふりかけ、アーモンドを散らし、再びオーブンに入れる。5分程焼成して、砂糖を香ばしくキャラメリゼする。ケーキクーラーに移して冷ます。一度均等に膨らんだ生地を潰すことで、目の詰まった、サクサクの食感を作り出すことが出来る。

---

**チョコレートにまつわる美味しい話 No.10**
食べる前にオーヴン（160℃）またはトースターでかるく温めると、中のチョコレートがトロッと溶けて美味しい！温めずにそのまま食べれば、スイスシン本来のパリッとした食感が楽しめる。

自然な甘みと熟成感のある90%カカオを、イチジクとマロングラッセの甘み、熟成した香り高いウイスキーで大人のチョコレートケークに仕上げました。口の中で広がる濃厚カカオとウイスキーのハーモニーをお楽しみください。

# Chestnuts & Fig Whisky Chocolate Cake

## 栗とイチジクのウイスキー チョコレートケーク

**7.5×18×高さ約6.5cmの
ケーク型 2台分**

**チョコレート生地**

無塩バター　180g
マスコバド糖　165g
全卵　3ヶ
生クリーム　30ml
**EX／90%カカオ**　60g
小麦粉　120g
アーモンドパウダー　90g
ベーキングパウダー　小さじ$^1/_2$

ドライイチジク　100g
ウイスキー　100ml
マロングラッセ
（市販品）　10〜15粒

**仕上げ**

ウイスキー　50ml

*1.* **前日の準備：**イチジクをウイスキーに入れ、ラップフィルムをかぶせて一晩漬けておく。

*2.* **オーヴンと準備：**オーヴンの予熱を150℃に上げる。ケーク型の内側に合わせて、クッキングシートをカットして入れる。バターを室温に戻してやわらかくする。小麦粉、アーモンドパウダー、ベーキングパウダーを一緒にふるう。チョコレートは刻んで溶かす。

*3.* **チョコレート生地：**バターとマスコバド糖をクリーム状になるまでハンドミキサーで混ぜる。ほぐした卵を少しずつ加えて乳化させる。生クリーム、チョコレートの順に加え、最後に粉類を入れ、切るようにさっくり混ぜる。

*4.* **成形：**イチジクをウイスキーの中から取り出し、約1cmの輪切りにする。ウイスキーは仕上げに残しておく。イチジクの切断面が型底に接地するようにして、ランダムに並べる。生地を型の高さの半分くらいまで入れ、マロングラッセをセンター1列に間隔を詰めて埋める。さらに生地を型の高さ3/4くらいまで詰め、作業台に数回叩きつけて気泡を抜く。均等な膨らみになるように、スプーンで生地の中央にくぼみを作る。

*5.* **焼成と仕上げ：**オーヴンに入れ、約1時間30分焼成する。[＊低温でじっくり焼くことで、生地がしっとりと、カカオの香りもしっかり残る。生地の表面が焦げないように、途中でアルミ箔をかぶせると良い。]焼成後、型から取り出し、イチジクを漬けておいたウイスキー全量を、生地が熱いうちに刷毛で均等に染み込ませる。少し時間をおいて、生地の粗熱が取れたら、さらに50mlのウイスキーを染み込ませ、完全に冷ます。

---

**チョコレートにまつわる美味しい話 No.11**
このお菓子は、ラップフィルムに包んで2日〜1週間ほど冷蔵庫で寝かせると、ウイスキーが生地にしっかりなじんで、香りもまろやかになりさらに美味しい。

甘酸っぱいフランボワーズと香り豊かなバニラを、マーガレット形のマーブルケーキに仕立てました。しっとりと焼き上げた2種類の生地は、それぞれに味の個性がありながら、一緒に食べれば、またひと味違った美味しさを感じます。

# *Framboise & White Vanilla Marble Cake*

## フランボワーズとホワイトバニラのマーブルケーキ

### φ20×H4cmの
### マーガレット型1台分

無塩バター　125g
粉糖　100g
全卵　3ヶ

**ホワイトバニラ生地**

小麦粉　50g
アーモンドパウダー　20g
バニラビーンズペースト　小さじ1
ベーキングパウダー　2g
EX／ホワイトバニラ　50g

**フランボワーズダーク生地**

小麦粉　50g
アーモンドパウダー　15g
カカオパウダー　6g
ベーキングパウダー　2g
EX／フランボワーズ　50g
フランボワーズ（冷凍）12粒

**型用**

バター　適量

*1.* チョコレートは、あらかじめ冷蔵庫でよく冷やしておく。バターは室温に戻しておく。オーヴンの予熱を180℃に上げる。型の内側にバターを刷毛で均等に塗り、冷蔵庫に入れる。もう一度繰り返し、2度塗りする。

*2.* バターをボウルに入れ、ミキサーでなめらかなクリーム状にする。粉糖を加え、さらに混ぜる。ほぐした卵を少しずつ加え、その都度混ぜる。生地を2つのボウルに分ける。

*3.* **ホワイトバニラ生地**：小麦粉、アーモンドパウダー、ベーキングパウダーとチョコレートを一緒にフードプロセッサーにかけ、サラサラの粉末にする。2の生地の1つにバニラビーンズペーストと粉類を加え、混ぜ合わせる。口径1cmの口金を付けた絞り袋に詰める。

*4.* **フランボワーズダーク生地**：小麦粉、アーモンドパウダー、カカオパウダー、ベーキングパウダーとチョコレートを一緒にフードプロセッサーにかけ、サラサラの粉末にする。もう1つの生地に粉類を加え、混ぜ合わせる。口径1cmの口金を付けて絞り袋に詰める。

*5.* 型のくぼみに、冷凍フランボワーズを1つおきに入れる。ダークの生地を、型の中心部分に直径約3cmのドーム状に絞る。次に、フランボワーズの上から、中心に向かって、細い涙形に絞る。ダーク生地の間にバニラ生地を絞る。ダークとバニラが交互に並ぶ、花びらのような状態にする。同じ作業を、絞った生地の上からさらに2回繰り返し行う。型底を作業台の上でかるく叩き、気泡を抜く。オーヴンに入れ、20分焼成する。一度取り出し、アルミ箔をかぶせて、160℃でさらに25分焼成する。焼成後、裏返してケーキクーラーの上にのせる。粗熱が取れたら、型を外して、完全に冷ます。

---

**チョコレートにまつわる美味しい話 No.12**
フランボワーズと同じニュアンスを持つ、フリーズドライがたっぷり入ったストロベリーダークでも、この同じレシピで作ることが可能。

*Entremets, Tartes*

ホール菓子、タルト

キュンと甘酸っぱいフランボワーズとダークチョコレートの組み合わせは、クラシックでありながらフレッシュ感のある味わいです。エクセレンスのフランボワーズ1枚で果実味あふれるキュートなケーキになりました。

# Framboise Chocolate Charlotte
## フランボワーズとチョコレートのシャルロット

**15×15×H5cm
カードル1台分**

**フランボワーズ
ダークムース**

牛乳　100ml
グラニュー糖　15g
卵黄　1ヶ分
板ゼラチン　5g
EX ／フランボワーズ　100g
生クリーム　180ml

**フランボワーズ
シャンティークリーム**

生クリーム　180ml
フランボワーズジャム
（市販品）50 ～ 80g

ビスキュイ・ローズ・ド・ランス（市販品）14 ～ 16本
＊使用する本数は、メーカー
　の1本の太さによる
フレッシュフランボワーズ　100g
粉糖　適量

*1.* **準備：**ケーキ用金台紙の上にカードルをのせ、内側にムースフィルムを貼る。フレッシュフランボワーズは飾り用とムース用に分けておく。板ゼラチンは氷水で戻す。チョコレートは手で割り、ボウルに入れる。

*2.* **フランボワーズダークムース：**ボウルに卵黄とグラニュー糖を入れよくすり混ぜる。牛乳を鍋に入れて火にかけ、沸いたら卵黄のボウルに注ぎ入れて撹拌し、再び鍋に戻し入れる。弱火にかけ、木ベラで絶えず混ぜながら、濃度がつくまで（85℃）加熱する。火を止め、すぐにゼラチンを加えて溶かす。*1*で準備したチョコレートの中に注ぎ入れ、完全に溶けるまで混ぜ合わせる。冷ましている間に、生クリームをゆるめに泡立てる（A）。

*3.* **組み立て：***2*のチョコレートクリームの粗熱がとれたら、泡立てた生クリームAと混ぜ合わせ、*1*の型に半量を流し入れ、フランボワーズを埋め込むように詰め、さらに残りすべてのムースを入れる。冷蔵庫で4〜6時間、しっかり冷やしておく。

*4.* **シャンティークリーム：**フランボワーズジャムは裏ごし、なめらかにする。生クリームは軽く角が立つくらいまで泡立て、ジャムを加え混ぜる。［＊ジャムの量は好みで加減する。］星形の口金を付けた絞り袋に詰める。

*5.* **仕上げ：***3*を冷蔵庫から出し、カードルとムースフィルムを外して、周囲にビスキュイを貼り付ける。ビスキュイの4辺に沿うようにクリームを絞り、中心までその作業を繰り返す。さらにその上から、ローズのように飾り絞りを入れて全体を埋める。フランボワーズを散らし、粉糖を軽くふる。

---

**チョコレートにまつわる美味しい話 No.13**
"ビスキュイ・ローズ・ド・ランス"は、フランス、シャンパーニュ地方の銘菓ですが、手に入らない場合は、ティラミスなどにも使用するイタリアの"ビスコッティ・サヴォイアルディ""レディフィンガー"というフィンガービスケットで代用可能。

強い陽射しに弱いカカオの木は、バナナの木をシェードツリーにして育てられます。
蜜月なこの2つの植物は、ケーキになっても美味しい関係。小麦粉を加えない、
しっとりとした生地の、濃厚なカカオとバナナの風味が奥深い味わいです。

# Baked Mousse Choco-Banana

### ベイクドムース チョコバナナ

**φ22×H2cmの
タルト型（底取式）1台分**

EX ／ 70%カカオ　80g
完熟バナナ　150g
無塩バター　90g
マスコバド糖
（または黒糖）　50g
全卵　2ヶ
アーモンドパウダー　40g

生クリーム　200ml
粉糖　30g
カカオパウダー　適量

**型用**

バター　適量

---

*1.* **オーヴンと型の準備**：オーヴンの予熱を160℃に上げる。タルト型の内側にバターを刷毛で塗る。

*2.* チョコレートを細かく刻み、バターはキューブ状に切る。2つをボウルに入れて、湯煎にかけて溶かす。溶けたら湯煎から外して、木ベラで混ぜて均一な状態にする。

*3.* 全卵を卵黄と卵白に分ける。卵黄に$1/3$量のマスコバド糖を入れ、なめらかなクリーム状になるまで泡立て器で混ぜる（A）。バナナをフォークまたはミキサーでペースト状にすりつぶして、Aに加え混ぜる。

*4.* 別のボウルに卵白を入れ、残り$2/3$量のマスコバド糖を少しずつ加えながら、ハンディミキサーで角が立つまでしっかり泡立てる。3の中に2のチョコレートを加え混ぜる。次に、泡立てた卵白とアーモンドパウダーを加え、さっくりと切るように混ぜ合わせる。1の型に流し入れる。

*5.* **焼成と仕上げ**：オーヴンに入れ、約40分焼成する。焼成後、型ごとケーキクーラーにスライドさせるように移し、冷ましておく。冷めたら、型を外す。［＊生地がやわらかいので注意する！］生クリームと粉糖を軽く泡立て、ケーキに添え、カカオパウダーをふる。

---

**チョコレートにまつわる美味しい話 No.14**
カカオの香りが広がる生温かい状態も、カカオのコクがしっかり感じられる冷めた状態も、どちらも美味しいケーキ。

オレンジとダークチョコレートは、王道と言える組み合わせです。カカオの持つやわらかい酸味と苦味、マイルドビターなオレンジの皮の風味がぎっしり詰まった、見た目も味わいもインパクトあるケーキです。

# Orange Almond Chocolate Cake
## オレンジアーモンドのチョコレートケーキ

**15×15×H5cmの
カードル1台分**

**生地**

無塩バター　50g
EX／オレンジアーモンド　100g
グラニュー糖　60g
全卵　3ヶ
小麦粉　60g
アーモンドパウダー　40g
オレンジ輪切りの砂糖漬け
　　　　　　　　7〜8枚
オレンジピール　40〜50g

**型用**

バター　適量

*1.* **オーヴンの準備**：オーヴンの予熱を180℃に上げる。

*2.* **型の準備**：型の内側にやわらかいバターを刷毛で塗る。オーヴン天板にクッキングシート（またはシリコンのオーヴンシート）を敷き、型をのせる。砂糖漬けオレンジを型の中に並べる。写真のように、オレンジが生地の側面にも沿うような仕上がりにする場合は、オレンジに浅く切り込みを入れ、型の内側に直角に貼り付ける。

*3.* **生地**：刻んだチョコレートとバターを溶かす。小麦粉とアーモンドパウダーは、合わせてふるっておく。オレンジピールを刻む。ボウルに卵とグラニュー糖を入れ、クリーム色のふっくらした状態までミキサーで泡立てる。ふるった粉類を加え、切るようにさっくりと混ぜる。次に、溶かしたチョコレートとバターを加え、最後に刻んだオレンジピールを加え混ぜる。

*4.* **焼成**：*2*で準備した型の中に、生地を流し入れる。オーヴンに入れ、20〜25分焼成する。竹串を刺して、生の生地がつかなくなったら焼き上がりの目安。

*5.* **仕上げ**：焼成後、クッキングシートごと持ち上げて、ケーキクーラーに移し、型を外して、冷ます。粗熱が取れたら裏返して、クッキングシートをゆっくりとめくるように剥がし、その後、完全に冷ます。生地がまだ温かいうちの方が、クッキングシートをきれいに剥がすことが出来る。

---

**チョコレートにまつわる美味しい話 No.15**
タブレットが丸ごと1枚入るので、しっかりと濃厚な仕上がりのケーキだが、軽めに仕上げたい場合は、チョコレートの量を60〜80gに減らしても良い。

オーヴンを使わずに、手軽に家庭で作れるチョコレートクリームタルト。ビスケットが生地に香ばしさとサクサクの食感を作り出し、マイルドな味わいの70%カカオのチョコレートクリーム。"焼かない"素朴なシンプルタルトです。

# Chocolate Cream Tart

チョコレートクリームタルト

### φ18×H2cmの
### タルトリング1台分

**タルト生地**

ダイジェスティブビスケット
　　　　　　　　　　100g
ヘーゼルナッツ 20g
EX／ホワイトバニラ 90g

**チョコレートクリーム**

EX／70%カカオ 120g
牛乳 260ml
生クリーム 200ml
卵黄 2ヶ分
グラニュー糖 100g
コーンスターチ 大さじ2
バニラビーンズペースト 少々

*1.* **準備**：ヘーゼルナッツは天板に入れ、160℃のオーヴンで10〜15分、香ばしくローストする。[＊断面がきつね色になるくらい。]チョコレートは細かく刻んで溶かす。

*2.* **タルト生地**：ダイジェスティブビスケットとヘーゼルナッツをフードカッターで細かく粉砕してボウルに移す。[＊フードカッターがない場合は、ビニール袋に入れ、めん棒で叩いて細かく砕く。]溶かしたホワイトチョコレートを加え、よく混ぜ合わせる。タルトリングの底と側面が同じ厚みになるように、均等に敷き込む。冷蔵庫で30分ほど冷やしておく。

*3.* **チョコレートクリーム**：ボウルに卵黄とグラニュー糖を入れ、よく混ぜ合わせ、コーンスターチも加える。鍋に牛乳と半量の生クリームを入れ、ひと煮立ちさせる。卵黄を混ぜたボウルに注ぎ入れて攪拌して、鍋に戻す。中火にかけて、絶えず混ぜながら沸騰させる。火から外して、チョコレートとバニラビーンズペーストを加え、ムラのないように混ぜ合わせ、ボウルに移して粗熱を取る。

*4.* **チョコレートクリームの仕上げ**：残りの生クリームを軽く泡立て、粗熱が取れた*3*のチョコレートクリームと混ぜ合わせる。

*5.* **組み立て**：タルト生地にチョコレートクリームを流し入れる。クリームの表面を一度平らにして、パレットでスパイラル状に模様を入れる。[＊模様は遊び心でアレンジ可能!]再び冷蔵庫に入れて、チョコレートクリームを完全に冷やす。

---

**チョコレートにまつわる美味しい話 No.16**
冷蔵庫から出してすぐに食べると、生地とクリームの中のチョコレートにかたさがあるので、食べる10〜15分前に常温に戻してから食べると美味しい。

他のナッツに類を見ない鮮やかな緑色のピスタチオのコクと特有の風味が、華やかな酸味の広がる真っ赤なフランボワーズを引き立ててくれる、クリスマスリースの様なケーキになりました。

# Pistachio & Framboise Wreath Cake

## ピスタチオとフランボワーズのリースケーキ

**φ約17cm × H6cmの
リング型**

### ケーキ生地

有塩バター　100g
グラニュー糖　120g
全卵　2ヶ
小麦粉　105g
ベーキングパウダー　3g
ピスタチオペースト　30g
ピスタチオ　20g

### コーティング

EX／フランボワーズ　100g
グレープシードオイル　10ml

### デコレーション

フリーズドライのフランボワーズ（ホール）適量
ピスタチオ　適量
皮付きローストピスタチオ（飾り用）適量

### 型用

バター　適量
小麦粉　適量

*1.* **準備**：オーヴンの予熱を170℃に上げる。やわらかいバターを型の内側に刷毛でムラなく塗り、小麦粉をまぶす。余分な粉は落とす。生地の中に入れるピスタチオ20gは刻んでおく。

*2.* **ケーキ生地**：小麦粉とベーキングパウダーを一緒にふるう。バターを溶かしておく。ボウルに全卵とグラニュー糖を入れ、クリーム色のふっくらした状態になるまでミキサーで混ぜる。その中に粉類を加え、ゴムベラで切るように混ぜ、次にバターを加える。小さなボウルにピスタチオペーストと少量の混ぜ生地を取り、しっかり混ぜ合わせたら、残りの生地に戻し入れ、均一な状態になるまで混ぜ合わせる。*1*で準備したピスタチオを加える。

*3.* **焼成**：*1*の型の中に流し入れ、型ごと作業台の上で2〜3回叩きつけて気泡を抜く。オーヴンに入れ、約30分焼成する。焼き上がった生地は、型から取り出してケーキクーラーの上で完全に冷ます。

*4.* **コーティング**：ボウルにチョコレートを手で割り入れ、溶かす。グレープシードオイルを加え、空気を入れないように、ゴムベラで静かに混ぜながら人肌より少し低めの温度（28〜30℃）まで冷ます。

*5.* **仕上げ**：冷めた生地の上から、*4*のチョコレートを流してコーティングする。チョコレートが固まらないうちに、フリーズドライのフランボワーズとピスタチオ、ローストピスタチオでデコレーションする。

---

**チョコレートにまつわる美味しい話 No.17**
ピスタチオはイチゴの風味とも相性がいいので、使用するチョコレートをエクセレンスのストロベリーダークに代え、イチゴのフリーズドライホールでデコレーションするのもお勧め。

骨太なカカオの味わいの中にスーッと広がる心地よい清涼感のある、大人のミント
チョコレート。すべてにチョコレートを使った濃厚なケーキですが、口いっぱいに
広がるミントの香りで、意外な軽さを感じてしまうほどです。

# Cassis Mint Chocolate Layer Cake

## カシスとミントチョコレートのレイヤーケーキ

### 7.5×18×H約6.5cmの
### ケーキ型

**チョコレート生地**

卵黄　2ヶ分
グラニュー糖　70g
無塩バター　20g
EX／ミント　20g
卵白　2ヶ分
小麦粉　50g
カカオパウダー　15g
ベーキングパウダー　小さじ$\frac{1}{4}$
カシスホール（冷凍）30g

**ミントチョコレート
ガナッシュ**

EX／ミント　100g
生クリーム　100ml

**仕上げ**

EX／ミント　80g
サラダオイル　10ml
カシスホール（冷凍）20g
カシスジャム（市販）適量

*1.* **準備**：オーヴンの予熱を160℃に上げる。ケーキ型の内側に合わせて、クッキングシートをカットして入れる。

*2.* **生地**：小麦粉、カカオパウダー、ベーキングパウダーを一緒にふるう（*A*）。ボウルにバターとチョコレートを入れて溶かす。別のボウルに卵黄とグラニュー糖40gを入れ、泡立て器で混ぜ合わせ、バターとチョコレートを加え混ぜる（*B*）。卵白をほぐし、グラニュー糖30gを少しずつ加えながら、角が立つまで泡立てる。*B*の中に加え、8割ほど混ざった段階で*A*の粉類を2〜3回に分けて入れ、切るようにさっくり混ぜ合わせる。型に$\frac{1}{5}$量の生地を入れる。冷凍のままカシスを均等に散らす。残りの生地を全て流し入れ、スプーンの背で生地の中央を少しくぼませる。オーヴンに入れ、約1時間焼成する。焼成後、型から取り出して完全に冷ます。

*3.* **ガナッシュ**：チョコレートを溶かす。生クリームを鍋に入れてひと煮立ちさせ、チョコレートの中に少しずつ加え混ぜ、乳化させる。

*4.* **組み立て**：生地の焼面を切り落とし、平らにする。約1cmの厚さに5等分にスライスする。カシスがある生地を下にして、ガナッシュを表面にパレットで塗る。この作業を繰り返して5枚目の生地をのせ、ケーキ全体にもガナッシュを塗り、冷蔵庫で1時間冷やす。

*5.* **仕上げ**：チョコレートを溶かしてサラダオイルを加え、28℃前後に冷ます。バットに網をのせ、*4*のケーキをおく。チョコレートを流してコーティングする。再び冷蔵庫に入れる。バットに流れ落ちたチョコレートをゴムベラで集め、パイピング用コルネに詰め、ケーキの表面に糸状に絞り出して飾りを付ける。冷凍のカシスとジャムをからめて、ケーキの上に飾る。

---

**チョコレートにまつわる美味しい話 No.18**
チョコレート生地は、焼成後、完全に冷ましてラップフィルムで包み、冷蔵庫で一晩寝かせると、チョコレートの風味もなじみ、スライスしやすい。

ヨーロッパの5月は様々なベリー類が登場する季節。目にも鮮やかなベリーは、ホワイトチョコレートに華を添えてくれる最高の相性。ホワイトバニラを混ぜ込んだ濃厚フィリングに甘酸っぱいベリージュレ、初夏を感じるお菓子です。

# White Chocolate & Berries Cheesecake

**ホワイトチョコレートとベリーのチーズケーキ**

### φ17×H7cmの バネ式ケーキ型または セルクル1台分

**土台生地**

グラハムクラッカー　100g
ピスタチオ　15g
カソナード　大さじ1
無塩バター　45g
EX ／ 90%カカオ　10g

**フィリング**

クリームチーズ　300g
生クリーム　100ml
EX ／ ホワイトバニラ　100g
グラニュー糖75g
卵黄　30g
卵白　50g

**ベリージュレ**

フレッシュまたは
冷凍ベリー類　200g
　＊ラズベリー、カシス、
　　ブラックベリー、ブルー
　　ベリー、イチゴなど
グラニュー糖　50g
板ゼラチン　3g

*1.* **オーヴンと準備**：オーヴンの予熱を160℃に上げる。ボウルにクリームチーズを入れ、室温に戻しておく。型の底と側面の高さに合わせてカットしたクッキングシートを内側に貼り、オーヴン天板にのせる。別のボウルにすべてのフルーツとグラニュー糖を入れて室温に置く。ゼラチンは氷水で戻す。

*2.* **土台生地**：クラッカーをフードカッターで細かく粉砕して、ボウルに移す。[＊フードカッターがない場合は、ビニール袋に入れ、めん棒で叩いて砕く。]ピスタチオを粗く刻んで、カソナードと一緒にクラッカーに加える(A)。ダークチョコレートとバターを溶かし、Aの中に入れ、ゴムべらで均一な状態になるまで混ぜる。型底に敷き詰め、表面をスプーンの背で平らにする。

*3.* **フィリング**：クリームチーズを泡立て器で混ぜてなめらかにする。1/2量のグラニュー糖、生クリーム、卵黄を加え混ぜる(B)。別のボウルに卵白を入れ、残りのグラニュー糖を少しずつ加えながら、立て跡がかるく残るくらいのゆるめに泡立てる(C)。ホワイトチョコレートを溶かして半量のBと混ぜ合わせる。残り半量のBにCのメレンゲを加え混ぜる。この2つの生地を合わせ、均一な状態になるまで混ぜる。

*4.* **焼成**：2の土台生地にフィリングを流し入れる。オーヴン天板にお湯を注いで網を置き、その上に型をのせ、オーヴンで約1時間焼成する。焼成後、ケーキクーラーの上で完全に冷まして、型から外す。

*5.* **ベリージュレと仕上げ**：1で準備したフルーツを全て鍋に入れて火にかける。グラニュー糖が完全に溶けたら、火を止めてゼラチンを加える。ボウルに移して氷水で粗熱を取り、冷蔵庫で冷やす。生地の周囲に粉糖をふり、中央のくぼみにベリージュレをのせる。

---

**チョコレートにまつわる美味しい話 No.19**
焼き上がったチーズケーキは、冷蔵庫で一晩寝かせておくと、チーズやチョコレートの乳脂肪分が熟成され、豊かなコクが出る。

マイルドな味わいのダークチョコレートがベースのキャラメルシーソルト。キャラメル漬けにした琥珀色の洋梨を詰めて焼き上げた、香り豊かなチョコレートタルトです。

# Pear Caramel Chocolate Tart

## 洋梨とキャラメルのチョコレートタルト

### φ9cmの
### タルトリング3台分

**タルト生地**

小麦粉　100g
カカオパウダー　5g
粉糖　10g
無塩バター　50g
全卵　1/2ヶ
塩　ひとつまみ

強力粉（打ち粉用）適量

**キャラメルシーソルトの**
**チョコレートクリーム**

EX／キャラメルシーソルト　150g
生クリーム　170ml
無塩バター　40g
全卵　1ヶ
卵黄　1ヶ分
バニラビーンズペースト　少々

**キャラメル風味の洋梨**

洋梨の缶詰（ミニサイズ）3ヶ
グラニュー糖　100g
水　100ml

*1.* **キャラメル風味の洋梨**：鍋にグラニュー糖を入れ、キャラメル色になるまで煮詰める。火を止め、ふきこぼれないように、蓋を少しずらしてのせ、隙間から水を少しずつ注ぎ入れる。洋梨を加え、5分ほど煮て、そのまま一晩置く。

*2.* **タルト生地**：小麦粉、カカオパウダー、粉糖、塩をふるう。キューブ状に切った冷たいバターを加え、粉類と一緒にスケッパーで切るように混ぜる。サラサラの砂状になったら、卵を加える。掌で、作業台の手前から奥に押すように混ぜて均一にする。一つにまとめ、ラップフィルムで包んで冷蔵庫で最低1時間休ませる。

*3.* **チョコレートクリーム**：チョコレートを溶かす。温めた生クリーム、バターの順に加え混ぜる（A）。別のボウルに全卵と卵黄、バニラビーンズペーストを混ぜ合わせ、Aを少しずつ加える。

*4.* **成形と空焼き**：打ち粉をして、生地を厚さ3mmに伸ばす。内側面に生地がピッタリと沿うように成形する。型の上でめん棒を2～3回転がして、余分な生地を切り落とす。冷蔵庫で約20分休ませる。フォークで生地に数ヶ所穴を開けてクッキングシートを敷き、タルトストーンを詰め、180℃のオーヴンで約15分空焼きする。タルトストーンを外してさらに5分焼く。

*5.* **焼成と仕上げ**：1の洋梨を半割りにする。半割り3つ分をキューブ状に切る。空焼きしたタルト生地にキューブ状の洋梨を散らし、3のクリームを入れ、半割りの洋梨を埋める。160～170℃のオーヴンに入れ、15～20分焼成し、その後ケーキクーラーの上で冷ます。キャラメル液は鍋に移して濃度がつくまで煮詰める。型を外し、キャラメルを洋梨のツヤ出しに塗る。

**チョコレートにまつわる美味しい話 No.20**
飾りのホワイトチョコレートリーフは、ホワイトバニラを溶かし、テンパリングする（P143参照）。バターナイフの先にチョコレートをつけ、セロファンの上に押さえるように塗り、涼しい場所か冷蔵庫で固まるのを待つ。

スイス国境に近いフランスのサヴォワ地方に伝わる、14世紀頃が起源とされる伝統菓子の "ビスキュイ・ド・サヴォワ"。ふんわり生地と卵の優しい香りに、力強いカカオのアロマを持つ85%カカオを散りばめ、アクセントをつけました。

# Chocolate "Biscuit de Savoie"

**サヴォワ風チョコレートビスキュイ**

## φ17×H約6cmの型1台分

**EX ／ 85%カカオ**　40g
全卵　2ヶ
グラニュー糖　80g
小麦粉　30g
コーンスターチ　30g
レモンの皮（すりおろし）1ヶ分
バニラビーンズペースト　少々
粉糖　適量

### 型用
バター　適量
小麦粉　適量

*1.* **オーヴンと型の準備**：オーヴンの予熱を150℃に上げる。型の内側にやわらかいバターを刷毛でムラなく塗り、小麦粉をまぶす。型を裏返して、余分な粉を落として冷蔵庫または冷凍庫に入れておく。

*2.* チョコレートは刻み、冷蔵庫で冷やしておく。レモンはよく水洗いをして、皮をすりおろす。小麦粉とコーンスターチは一緒にふるっておく。

*3.* 全卵を卵黄と卵白に分ける。卵黄にバニラビーンズペーストと$1/3$量のグラニュー糖を入れ、なめらかなクリーム状になるまで泡立て器で混ぜる。レモンの皮も加える。別のボウルに卵白を入れ、残り$2/3$量のグラニュー糖を少しずつ加えながら、その都度しっかり泡立てる。ミキサーでキメの細かいしっかりしたメレンゲに仕上げる。

*4.* まず、3の卵黄液の中に、少量のメレンゲを加えてよく混ぜる。その後、残りのメレンゲと混ぜ合わせる。2の粉類をふり入れながら、さっくりと切るように混ぜ合わせる。2のチョコレートを加える。

*5.* **焼成と仕上げ**：1で準備した型の中に生地を流し入れ、オーヴンで40分焼成する。焼成後、型から外して、ケーキクーラーにのせて冷ます。仕上げに粉糖をかける。

---

**チョコレートにまつわる美味しい話 No.21**
刻んだチョコレートは、生地に混ぜ込む直前まで冷蔵庫または冷凍庫でよく冷やしておくと、焼成中も生地に溶けず、冷めた時にチョコチップのような食感が楽しめる。

フリーズドライが贅沢に散りばめられたストロベリーダークは、香りもカカオ味も豊かで、お菓子作りにもその味わいはしっかりと活かされます。層の中にはフレッシュストロベリーもおりまぜ、果実味豊かなミルクレープです。

# Mille Crêpes Strawberry Chocolate

## ストロベリーとチョコレートのミルクレープ

**φ22cmの
ミルクレープ1台分**

**クレープ生地（13枚分）**

小麦粉　150g
カカオパウダー　45g
全卵　3ヶ
牛乳　500ml
グラニュー糖　60g
塩　ひとつまみ
バニラビーンズペースト　少々

バター　適量

**ストロベリーダーククリーム**

生クリーム　500ml
EX／ストロベリーダーク　200g

ストロベリージャム（市販）
＊好みのもの　150〜180g
フレッシュなイチゴ　1パック

ストロベリーのフリーズドライ
フレーク　5g
カカオパウダー　適量

＊クレープ生地は26cmくらいのフライパンで焼き、その後、周囲の乾いた生地を22cmセルクルで切り落として組み立てると、きれいな仕上がりになる。

*1.* **クレープ生地**：ボウルにふるった小麦粉とカカオパウダーを入れ、中央にくぼみを作り、グラニュー糖と塩、バニラビーンズペースト、卵を加え、粒子を溶かすように泡立て器で混ぜる。粉を崩すように少しずつ混ぜ、さらに牛乳を加えながら混ぜる。別のボウルに濾し、ラップフィルムをして冷蔵庫で60分程休ませる。

*2.* **クレープ生地を焼く**：フライパンにバターを溶かす。レードル約1杯分のクレープ生地を流し入れ、すぐにフライパンを回しながら、全体に薄く広げる。1〜2分焼いたら、生地を裏返して同様に焼き、大きめの皿に移す。同じ作業を繰り返す。

*3.* **ストロベリーダーククリーム**：チョコレートを手で割り、溶かす。ひと煮立ちさせた200mlの生クリームを加えて静かに混ぜ、室温で冷ましておく。別のボウルに300mlの生クリームを入れ、氷水にあてながら、軽く泡立てる。冷めたチョコレートクリームに泡立てた生クリームの1/4量を加え、さっくり切るように混ぜ、残りの生クリームを加える。

*4.* **組み立て**：イチゴは洗い、よく水気を拭き、ヘタを取る。縦に3〜4等分スライスする。台紙の上にクレープ生地を1枚のせ、ジャムを全体に塗り、2枚目の生地をのせる。クリーム→生地→クリーム→生地→クリームを塗り、その上にイチゴを放射状に並べる→生地（A）。Aの作業をもう2回繰り返す（この段階で生地は11枚使用）。その上に、クリーム→生地→クリーム→13枚目の生地をのせる。

*5.* **仕上げ**：側面にはみ出しているクリームをパレットで整える。全体をラップフィルム覆い、冷蔵庫で冷やす。下側面にストロベリーフリーズドライフレークをまぶし、表面にカカオパウダーをふる。

---

**チョコレートにまつわる美味しい話 No.22**
フリーズドライがふんだんに使われたチョコレートなので、包丁で刻まず、手でザックリ割って溶かした方が粒の食感が残り、香りが立つ。

*Petits Gâteaux*

小さいお菓子

キャラメルのようなニュアンスのあるエキストラクリーミーと、気品ある香りと渋みを持つ紅茶の組み合わせは、まるでミルクティーのような味わいです。

# Milk Chocolate & Tea Macaron

## ミルクチョコレートと紅茶のマカロン

**マカロン約12ヶ分**

**マカロン生地**

卵白　50g
グラニュー糖　25g
アーモンドパウダー　45g
粉糖　75g
紅茶パウダー　5g
紅茶の茶葉　適量

**ガナッシュ**

生クリーム　120ml
無塩バター　15g
EX／エキストラクリーミー　100g
紅茶の茶葉　小さじ1〜2
水　20ml

*1.* **マカロン生地**：アーモンドパウダー、粉糖、紅茶パウダーを混ぜ合わせ、ふるい器で3回ふるい、サラサラの状態にする。卵白をボウルの中でほぐし、泡立て始める。ゆるく角が立つ状態になったら、グラニュー糖を3回くらいに分けて加えながら、角がピンと立つ状態までしっかり泡立てる。次に、粉類を数回に分けて加え、ゴムベラで切るようにさっくり混ぜる。最後に、スケッパーに持ち替えて、生地をボウルの側面から内側に折りたたむように、大きな気泡を潰すように混ぜる。生地全体に艶が出たら完了。

*2.* **成形**：マカロン生地を口径6〜8mmの口金を付けた絞り袋に詰める。クッキングシートを敷いた天板の上に、直径約3cmの大きさで、24個絞る。表面の絞り跡が消えるように、作業台の上で天板の底をかるく叩く。12個分のマカロン生地の上に、茶葉を飾る。そのまま室温において、生地の表面を乾燥させる。

*3.* **焼成**：オーヴンの予熱を150〜160℃に上げる。オーヴンに入れて約12〜15分焼成する。焼成後、ケーキクーラーの上で冷ます。

*4.* **ガナッシュ**：鍋に水を入れて沸かし、火を止めて茶葉を入れ、蓋をして約3分おく。茶葉が開いたら、生クリームを加え、再び沸騰させる。蓋をして5〜10分おき、香りを抽出する。網で漉して、100mlを計量する。チョコレートを溶かし、紅茶クリームを注ぎ入れて乳化させる。最後にバターを加える。ラップフィルムをガナッシュに密着するようにかぶせて、室温で冷ます。室温が高い場合は冷蔵庫に入れる。

*5.* **仕上げ**：4のガナッシュを絞り袋に詰める。茶葉の付いていないマカロン生地を裏返し、ガナッシュを絞り、茶葉の付いているマカロン生地をのせる。

---

**チョコレートにまつわる美味しい話 No23**
紅茶はアールグレイやアッサムなど、好みの茶葉を選ぶが、茶葉の種類や形状により、抽出した時の香りの出方に違いがあるので、茶葉の量は加減する。

イーストを使用しないこのワッフル生地は、いつでも手軽に作れるレシピです。
生地の中に刻んだチョコレートをたっぷり加えることで、しっとりと、カカオの風味
豊かなワッフルになります。ぜひ、焼き立てをお召し上がりください。

# Chocolate Waffles

チョコレート ワッフル

## ワッフル約8～10枚

### ワッフル生地

無塩バター　50g
きび砂糖　50g
全卵　2ヶ
小麦粉　170g
カカオパウダー　15g
ベーキングパウダー　小さじ2
牛乳　150ml
塩　小さじ$1/3$
EX／70%カカオ　80g

サラダオイル　適量

### チョコレートソース

生クリーム　150ml
牛乳　30ml
EX／70%カカオ　100g
無塩バター　12g
バニラビーンズペースト　小さじ1
ハチミツ　8g

*1.* チョコレートソース：チョコレートを細かく刻んで溶かす。鍋に生クリーム、牛乳、バニラビーンズペースト、ハチミツを入れて、ひと煮立ちさせて、チョコレートの中に注ぎ入れ、ゴムベラで静かに混ぜて乳化させる。最後にバターを加える。スティックミキサーをかけると、よりなめらかに仕上がる。

*2.* ワッフル生地：全卵を卵黄と卵白に分ける。チョコレートを刻む。バターを溶かし、卵黄、牛乳と一緒に混ぜる（A）。

*3.* 小麦粉、カカオパウダー、ベーキングパウダー、塩を一緒にふるい、大きめのボウルに入れる。粉類の中央部分にAを少しずつ入れ、ダマが出来ないように泡立て器で混ぜる。チョコレートを加える。

*4.* 卵白をほぐして、角がゆるく立つ程度まで泡立てる。きび砂糖を3～4回に分けて加えながら、角がピンと立つくらいまでしっかりとしたメレンゲにする。生地の中に加え、切るようにさっくりと混ぜ合わせる。
［＊メレンゲはしっかり泡立てて加えることで、生地を焼いた時、外側がさっくりとした仕上がりになる。］

*5.* 焼成：ワッフルメーカーを熱し、サラダオイルを薄く塗る。レードル約1杯分を流し入れて焼く。焼き上がったら、ケーキクーラーの上にのせるか、焼き立てをお皿にのせて、そのまま食卓に出す。チョコレートソースをたっぷりかけていただく。

チョコレートにまつわる美味しい話 No.24
生地は甘さ控えめに仕上げているので、ブルーベリー、ストロベリー、リンゴンベリーなどのジャムと一緒に食べても美味しい！

19世紀終わり、オーストラリアのクィーンズランド州の総督だったラミントン卿の名に由来すると言われる伝統菓子。チョコレートクリームをはさみ、オリジナルとはひと味違う、カカオ味溢れるラミントンです。

# Lamington

ラミントン

**ラミントン25ヶ分**
**15×15cmのカードル使用**

**スポンジ生地**

全卵　2ヶ
グラニュー糖　60g
小麦粉　50g
カカオパウダー　10g
無塩バター　15g

**チョコレートクリーム**

生クリーム　100ml
EX／78%カカオ　50g

フランボワーズジャム
（市販品）80～100g

**コーティング**

EX／70%カカオ　100g
グレープシードオイル　15ml
ココナッツファイン　200g

*1.* **オーヴンと準備：**オーヴンの予熱を180℃に上げる。天板にクッキングシートを敷き、カードルをのせる。小麦粉とカカオパウダーを一緒にふるう。

*2.* **スポンジ生地：**バターを溶かす。ボウルに卵を割りほぐし、グラニュー糖を加え、もったりした状態になるまでミキサーで泡立てる。［＊すくい上げた卵液が、リボン状に折り重なるような状態。］粉類を加え、ゴムベラで切るようにさっくり混ぜ、最後に溶かしバターを加える。型に流し入れる。オーヴンに入れて20～25分焼成する。焼成後、型ごとケーキクーラーに移して冷ます。［＊時間に余裕がある時は、冷めた後、型を外して、生地をラップフィルムで包んで冷蔵庫でひと晩休ませると、生地がきれいにスライス出来る。］

*3.* **チョコレートクリーム：**チョコレートを刻んで溶かす。生クリームをひと煮立ちさせ、チョコレートに加えて乳化させる。ボウルを氷水に浸けて冷まし、かるく泡立てる。

*4.* **組み立て：**生地をカードルから外し、上部の膨らみを波刃の包丁で切り落として平らにする。横2等分にスライスする。1枚の生地にフランボワーズジャムを塗り、もう1枚の生地にチョコレートクリームを塗る。ジャムとクリームの面を貼り合わせ、ラップフィルムで包んで冷蔵庫で休ませる。

*5.* **コーティング：**チョコレートを刻んで溶かし、グレープシードオイルを加える。生地を3×3cmにカットして、1個ずつチョコレートにくぐらせ、ココナッツファインを全体にまぶす。

---

**チョコレートにまつわる美味しい話 No.25**
クリームに使用するチョコレートは、フランボワーズの酸味と相性の良い78%カカオですが、マイルドな味わいの70%カカオまたはエキストラクリーミーでも良い。

カカオ豆がヨーロッパに初めて持ち込まれた国、スペイン。国民食のひとつと言える揚げ菓子のチュロスは、濃厚なショコラーテにディップして、朝食やおやつに食べるのが定番です。揚げ立ては最高です!

# Churros and Chocolate
チュロスとショコラーテ

**プレーン生地**

水　250ml
塩　小さじ1
グラニュー糖　大さじ1
無塩バター　20g
小麦粉　150g
全卵　1ヶ

**チョコレート生地**

水　220ml
牛乳　30ml
無塩バター　10g
塩　小さじ1
グラニュー糖　大さじ1
小麦粉　140g
カカオパウダー　10g
全卵　1ヶ

サラダオイル
(揚げ油)　適量

**ショコラーテ**

生クリーム　100ml
牛乳　100ml
EX ／シーソルト　60～80g

*1.* **準備**：プレーン生地は小麦粉を、チョコレート生地は小麦粉とカカオパウダーをふるっておく。卵はボウルに入れて、よく溶きほぐす。ショコラーテ用のチョコレートを細く刻む。

*2.* **プレーン生地**：鍋に水、バター、塩、グラニュー糖を入れて火にかける。ひと煮立ちさせ、火を止める。小麦粉を加え、勢いよくかき混ぜ、ひとつにまとめる。卵を少しずつ加え、混ゼムラのない均一な状態にする。星6切の口金を付けた絞り袋に詰める。

*3.* **チョコレート生地**：鍋に水、牛乳、バター、塩、グラニュー糖を入れて火にかける。ひと煮立ちさせ、火を止める。粉類を加え、勢いよくかき混ぜ、ひとつにまとめる。卵を少しずつ加え、ムラのない均一な状態にする。星6切の口金を付けた絞り袋に詰める。

*4.* **揚げる**：鍋にサラダオイルを入れて170～180℃に上げる。生地を10～12cmの長さで、オイルに直接絞り出し、ハサミで切り離す。[＊油ハネが心配な時は、クッキングシートを幅3～4cm×長さ15cmにカットして、その上に生地を絞り出し、紙が上になるようにオイルの中に静かに投入する。自然とシートが生地から剥がれたら、その都度取り出す。] 生地を回転させながら、こんがりきつね色になるまで揚げる。キッチンペーパーを敷いたバットの上で油を切る。

*5.* **ショコラーテ**：鍋に牛乳と生クリームを入れ、ひと煮立ちさせる。チョコレートを加え、泡立て器で溶かし混ぜる。[＊仕上げにスティックミキサーをかけると、チョコレートと液体がしっかり乳化されてなめらかな仕上がりになる。]

---

**チョコレートにまつわる美味しい話 No.26**
シーソルトチョコレートを使うと、加熱した時に塩味がカカオの風味を引き出してくれて美味しく仕上がる。濃厚なショコラーテにしたい時は、70%カカオがお勧め。

2種類のチョコレートで仕上げた、ストロベリー風味のクリームとホワイトクリームを詰めた、ストロベリーとチョコレートの味わいをたっぷりと味わえるシュークリームです。

# *Strawberry Chocolate "Choux à la Crème"*

**ストロベリーチョコレート シュークリーム**

## シュークリーム10ヶ分

### シュー生地

水　100ml
牛乳　100ml
塩　2g
グラニュー糖　8g
無塩バター　90g
小麦粉　110g
カカオパウダー　10g
全卵　3〜4ヶ分
アーモンドダイス　10g

全卵（溶き卵用）1ヶ

### ストロベリークリーム

牛乳　200ml
グラニュー糖　40g
卵黄　50g
小麦粉　7g
コーンスターチ　3g
EX／ストロベリーダーク　50g

### ホワイトクリーム

生クリーム　250ml
EX／ホワイトバニラ　100g

粉糖　適宜

*1.* **準備**：オーヴンの予熱を200℃に上げる。材料の粉類をふるう。2種類のチョコレートを刻む。卵はよくほぐして網で濾す。

*2.* **シュー生地**：鍋に水、牛乳、グラニュー糖、塩、角切りバターを入れて火にかける。バターが溶け、沸騰したらすぐに火を止める。粉類を加え、木ベラで手早く混ぜる。再び火にかけてよくかき混ぜながら、生地の中の水分をかるく飛ばす。鍋をゆすった時、鍋底でなめらかに転がり、ひとつにまとまる状態になれば良い。ボウルに移して、卵を少しずつ加え混ぜる。木ベラですくい上げた時、きれいな逆三角形に落ちてくるかたさに仕上げる。［＊卵の量は、生地のかたさをチェックしながら、少しずつ加えること！］口径7〜8mmの口金を付けた絞り袋に詰め、直径約4cmのドーム状に絞る。溶き卵を刷毛で塗り、生地の表面をフォークの背側でかるく押さえ、アーモンドダイスを散らす。オーヴンに入れ、15〜20分焼成する。焼成後、ケーキクーラーに移して冷ます。

*3.* **ストロベリークリーム**：卵黄とグラニュー糖をよく混ぜ、粉類を加える。沸かした牛乳を注ぎ、撹拌する。再び鍋に戻し入れ、泡立て器で混ぜながら加熱する。濃度がつき、鍋底からフツフツと沸いたら火を止め、チョコレートを加えて溶かす。バットに移して、ラップフィルムを密着させて、冷蔵庫で冷ます。

*4.* **ホワイトクリーム**：チョコレートをボウルに入れ、ひと煮立ちさせた生クリーム100mlを加え、乳化させる（A）。150mlの生クリームを角がかるく立つくらいまで泡立て、Aと混ぜ合わせる。

*5.* **仕上げ**：シュー生地を上下1：2の割合でカットする。2種類のクリームを、それぞれ口金を付けた絞り袋に詰め、生地の中に絞る。好みで粉糖をふるう。

---

**チョコレートにまつわる美味しい話 No.27**
ホワイトクリームに、フリーズドライのストロベリーフレークやパウダーを混ぜて、ダブルストロベリークリームに仕上げても美味しい！

魅惑的な口溶けが人々を虜にする、世界中で愛されるリンドール。そのひと粒を
マフィン生地に閉じ込め、フォンダン オ ショコラのようなとろける食感を再現して
みました。

# Lindor Muffins

リンドール マフィン

**マフィン各5ヶ分**
**約100mlカップ使用**

**バニラマフィン生地**

無塩バター　75g
グラニュー糖　60g
全卵　1ヶ
小麦粉　80g
ベーキングパウダー　3g
牛乳　50ml

バニラビーンズペースト　小さじ1
リンドール　5ヶ
＊お好みのリンドール

**チョコレートマフィン生地**

無塩バター　75g
グラニュー糖　60g
全卵　1ヶ
小麦粉　80g
ベーキングパウダー　3g
牛乳　50ml
カカオパウダー　12g
リンドール　5ヶ
＊お好みのリンドール

*1.* **オーヴンと型**：オーヴンの予熱を160〜170℃に上げる。型の底と側面（高さより＋2〜3cm）に合わせてクッキングシートをカットして入れる。[＊側面のクッキングシートは、型より高くしておくと、きれいな筒状に焼き上がる。]

*2.* **準備**：リンドールは冷蔵庫または冷凍庫でよく冷やす。バターはあらかじめ室温に戻しておく。小麦粉とベーキングパウダーを一緒にふるう（チョコレート生地の場合は、ここでカカオパウダーも一緒にふるう）。卵をボウルに溶きほぐして、常温に戻す。

*3.* **マフィン生地**：バターとグラニュー糖をボウルに入れて、なめらかなクリーム状にする（バニラ生地には、この段階でバニラビーンズペーストを加える）。卵を少しずつ加え、乳化させる。牛乳を加える。口径7〜8mmの口金を付けた絞り袋に詰める。

*4.* **成形**：型の高さの$1/3$まで生地を絞り入れ、リンドール1粒を埋め込むように入れる。さらに生地を型の高さの$3/4$まで絞り入れる。作業台の上で型をかるく叩いて、気泡を抜く。

*5.* **焼成**：オーヴンに入れて、20 〜 25分焼成する。[＊焼成時間は、使用する型の材質、容量などにより異なるので、調整する。]焼成後、型ごとケーキクーラーに移して冷ます。粗熱が取れたら、型から取り出す。

---

**チョコレートにまつわる美味しい話 No.28**
使用するリンドールは、ミルク、ダーク、キャラメル、ヘーゼルナッツなどがお勧め！ 食べる直前に、電子レンジで10〜20秒、または150〜160℃のオーヴンで温めると、中のリンドールがトロッと溶けて美味しい。

19世紀にシカゴで誕生した、どっしりと濃厚なチョコレート菓子。チョコレートや配合で、個性が光ります。ヘーゼルナッツの香ばしさと濃厚カカオのレ・グランデ1枚を丸ごと閉じ込めたブラウニーです。

# Nuts Brownies

ナッツ ブラウニー

**18×18cmのカードル
または15×20cmの
ホーローバット1台分**

**ブラウニー生地**

小麦粉　80g
全卵　3ヶ
グラニュー糖　100g
無塩バター　80g
LG／ダークヘーゼルナッツ 150g
**EX ／ 70%カカオ**　50g

**チョコレートガナッシュ**

生クリーム　100ml
**EX ／ 70%カカオ**　100g
水飴　10g

**デコレーション**

クルミ 10g
アーモンド　10g
ヘーゼルナッツ　10g

*1.* **オーヴンと型**：オーヴンの予熱を180℃に上げる。天板にクッキングシートを敷き、カードルをのせる。
［＊ホーローバットの場合もクッキングシートを敷く。］

*2.* **ブラウニー生地**：2種類のチョコレートを刻んで、バターと一緒に溶かす。卵とグラニュー糖をボウルに入れ、泡立て器で混ぜる。2種類のチョコレートを少しずつ加え混ぜ、最後にふるった小麦粉を入れて、ダマが残らないように混ぜる。型に生地を流し入れ、スケッパーで表面を平らにする。

*3.* **焼成**：180℃のオーヴンに入れ、25〜30分焼成する。焼成後、ケーキクーラーの上で完全に冷ます。その間に、クルミ、アーモンド、ヘーゼルナッツを天板にのせ、160℃のオーヴンで香ばしくローストする。冷めたら粗く刻む。

*4.* **チョコレートガナッシュ**：チョコレートを刻んで溶かす。鍋に生クリームと水飴を入れ、ひと煮立ちさせる。チョコレートの中に加え混ぜ、乳化させる。ラップフィルムをして室温で冷ます。

*5.* **仕上げ**：生地を型から外して、周囲のかたい生地を少し切り落とし、食べやすい、好みの大きさ（3〜4cm）にカットする。カットした生地の上にガナッシュをかけて、ローストしたナッツ類をのせる。

**チョコレートにまつわる美味しい話 No.29**
カカオ風味がしっかりとしたブラウニーに仕上げたい時は、レ・グランデダークヘーゼルナッツと70%カカオを同割に、ナッツの食感をしっかり出したい時は、レ・グランデダークヘーゼルナッツのみで200g使用する。

イタリアの代表的なデザート、ティラミスをマカロン風に仕上げたお菓子。コーヒー風味の生地には99%カカオを、クリームには、マスカルポーネにホワイトバニラでまろやかな甘みを付けた、リンツチョコレートならではの味です。

# Macaron Tiramisu

マカロン ティラミス

**マカロン6ヶ分**

**マカロン生地**

粉糖　110g
アーモンドパウダー　60g
卵白　2ヶ分
グラニュー糖　25g
インスタントコーヒー　6〜8g

**クリーム**

生クリーム　200ml
EX／ホワイトバニラ　60g
マスカルポーネチーズ　200g
ハチミツ　20g

**仕上げ**

EX／99%カカオ　20g

---

*1.* **マカロン生地**：インスタントコーヒーは、ミルサーで粉末状にして、粉糖、アーモンドパウダーと一緒に3回ふるい、サラサラの状態にする。卵白をボウルの中でほぐし、泡立て始める。ゆるく角が立つ状態になったら、グラニュー糖を2回に分けて加えながら、角がピンと立つ状態までしっかり泡立てる。次に、粉類を数回に分けて加え、ゴムベラで切るようにさっくり混ぜる。最後に、スケッパーに持ち替えて、生地をボウルの側面から内側に折りたたむように、大きな気泡を潰すように混ぜる。生地全体に艶が出たら完了。

*2.* **成形**：マカロン生地を口径1cmの口金を付けた絞り袋に詰める。クッキングシートを敷いた天板の上に、直径約6cmの大きさで、12個絞る。表面の絞り跡が消えるように、作業台の上で天板の底をかるく叩く。1時間ほど室温において、生地の表面を乾燥させる。［＊乾燥時間は湿度によって変わる。］

*3.* **焼成**：予熱を160℃に上げたオーヴンで12〜15分焼成する。焼成後、ケーキクーラーの上で冷ます。

*4.* **クリーム**：チョコレートを溶かす。生クリーム60mlをひと煮立ちさせて、チョコレートの中に注ぎ、乳化させる（A）。別のボウルにマスカルポーネを入れ、なめらかな状態にして、Aを少しずつ加え混ぜ、ダマのない状態にする。生クリーム140mlとハチミツを合わせ、角が立つまで泡立て、マスカルポーネの中に加え、均一な状態になるまで混ぜる。ラップフィルムをかけて冷蔵庫で冷やしておく。

*5.* **仕上げ**：マカロン生地6枚を裏返し、クリームをたっぷり絞る。もう1枚のマカロン生地をかぶせて、削った99%カカオのチョコレートを上からふりかける。

---

**チョコレートにまつわる美味しい話 No.30**
99%カカオを削る時、あらかじめ冷蔵庫でよく冷やしておくと、削りやすく細かい粒子状になり、包丁で刻むと、サクサクした食感が楽しめるので、お好みでどうぞ。

小さな焼き菓子を意味する"ミニャルディーズ"は、レストランなどで食後のコーヒーや紅茶と一緒に提供されます。バランスのとれた甘みと酸味を持つ70%カカオに、カシスの酸味と栗の甘みを包み込みました。

# Mignardises Cassis & Marrons

カシスとマロンのミニャルディーズ

**ミニケーキ24ヶ分**
**4×H4.5cmの筒形**
**24ヶ取りシリコン型**

**生地**

小麦粉　100g
アーモンドパウダー　55g
カカオパウダー　10g
ベーキングパウダー　2g
無塩バター　100g
粉糖　40g
全卵　2ヶ
**EX／70%カカオ**　50g
牛乳　30ml
ドライカシス　80g

**マロンクリーム**

生クリーム150ml
マロンクリーム（市販品）50g
バニラエッセンス　少々

**デコレーション**

マロングラッセ
（ブロークンタイプ）100g

*1.* **オーヴンと準備**：オーヴンの予熱を170〜180℃に上げる。バターをボウルに入れて室温に戻す。チョコレートは細かく刻んでボウルに入れる。ドライカシスを粗く刻む。

*2.* **生地**：小麦粉、アーモンドパウダー、カカオパウダー、ベーキングパウダーを一緒にふるう。バターを泡立て器でよく混ぜてポマード状にする。粉糖を加えてなめらかな状態にする。溶きほぐした卵を少しずつ加えて、バターと乳化させる。粉類を加え、切るようにさっくり混ぜる（A）。鍋に牛乳を入れてひと煮立ちさせる。刻んだチョコレートの中に注ぎ入れ、撹拌して完全に溶けたら、Aの生地の中に加え混ぜる。最後にドライカシスを混ぜ込む。

*3.* **成形と焼成**：生地を絞り袋に詰め、型の高さの7分目あたりまで絞り入れる。オーヴンに入れて、約20分焼成する。焼成後、ケーキクーラーの上に取り出して、完全に冷ます。

*4.* **マロンクリーム**：生クリームをゆるく角が出来るくらいまで泡立て、マロンクリームとバニラエッセンスと一緒に混ぜ合わせる。星形の口金を付けた絞り袋に詰める。

*5.* **仕上げ**：生地の上にマロンクリームを絞り、マロングラッセを飾る。

---

**チョコレートにまつわる美味しい話 No.31**
ドライカシスが手に入らない時は、比較的酸味のあるカレンツレーズンで代用すると良いでしょう。カレンツは粒が小さいので、刻まずにそのまま生地に混ぜ込む方が良い。

20世紀初頭に活躍したロシアのバレリーナ、アンナ・パヴロヴァの名が付けられた、ニュージランド発祥のお菓子。白いチュチュを纏い踊る彼女の代名詞といわれた"瀕死の白鳥"が、目に浮かぶような軽いメレンゲ菓子です。

## パヴロヴァ

### パヴロヴァ8ヶ分

**メレンゲ**

卵白　60g
グラニュー糖　100g
コーンスターチ　小さじ1
バニラエッセンス　少々
塩　ひとつまみ

**シャンティークリーム**

生クリーム　100ml
粉糖　10g

**コーティング**

EX／ホワイトバニラ　200g

フランボワーズ、イチゴ、ブルーベリー、ブラックベリーなどお好みのベリー類　適量
粉糖　適量

*1.* **準備**：オーヴンの予熱を100℃に上げる。口径6cmの抜き型やセルクルを使って、クッキングシートにリング状の印を付け、裏向きにして天板にのせる。

*2.* **メレンゲ**：ボウルに卵白と塩を入れ、液状になるまでほぐす。ミキサーで泡立て始め、角がゆるく立つ状態になったら、グラニュー糖を大さじ1〜2杯加え、泡立て続ける。さらに残りのグラニュー糖を2〜3回に分けて加えながら、その都度、しっかり泡立てる。角がピンと立つ状態のメレンゲに仕上げ、最後にバニラエッセンスとコーンスターチを加え、さっくり混ぜる。星形の口金を付けた絞り袋に詰める。

*3.* **成形と焼成**：クッキングシートに書いたリングをなぞるように絞る。さらに中心まで渦巻形に絞り、ディスク状にする。次に、外周のメレンゲの上に重ねるように1周絞る。同じ作業を2〜3回繰り返して絞り重ねて、中が空洞の鳥の巣のような形にする。オーヴンに入れ、2時間ほど乾燥焼きする。焼成後、ケーキクーラーの上で完全に冷ます。

*4.* **コーティング**：チョコレートを刻んで溶かし、テンパリングする。（P143参照）メレンゲの周囲をチョコレートでコーティングする。

*5.* **仕上げ**：シャンティークリームを作る。生クリームと粉糖をボウルに入れ、角が立つまで泡立て、メレンゲの空洞の中に詰める。好みのベリー類をのせ、上から粉糖をかける。

---

**チョコレートにまつわる美味しい話 No.32**
チョコレートをコーティングする時は、刷毛にチョコレートをたっぷりつけて、メレンゲをなでるように塗るときれいに仕上がる。

フランスで誕生したこのお菓子は、ブルターニュの街ブレストと首都パリ間の自転車レースにちなみ、車輪を象ったものです。カカオ風味のシュー生地に、ヘーゼルナッツ入りチョコレートクリームを詰めた、ひと味違う美味しさです。

# Chocolate "Paris-Brest"

**パリ - ブレスト チョコレート**

## φ約9cmの
## パリブレスト5ヶ分

**シュー生地**

水　60ml
牛乳　60ml
無塩バター　50g
グラニュー糖　6g
塩　ひとつまみ
小麦粉　70g
カカオパウダー　7g
全卵　100g
皮付きヘーゼルナッツ　50g

全卵（溶き卵用）　1ヶ

**プラリネ風味の
チョコレートクリーム**

牛乳　300ml
グラニュー糖　50g
卵黄　3ヶ分
小麦粉　12g
コーンスターチ　15g
EX／ピエモンテヘーゼルナッツ　80g
プラリネペースト　80〜100g

粉糖　適量

*1.* **ヘーゼルナッツ**：ヘーゼルナッツ15gはそのまま刻む。残り35gは、160℃のオーヴンで軽くローストして、冷めたら粗く刻む。

*2.* **シュー生地**：鍋に水、牛乳、グラニュー糖、塩、角切りバターを入れて火にかける。バターが溶け、沸騰したらすぐに火を止める。ふるった小麦粉とカカオパウダーを加え、木ベラで手早く混ぜる。再び火にかけてよくかき混ぜながら、生地の中の水分をかるく飛ばす。鍋をゆすった時、鍋底でなめらかに転がり、ひとつのまとまる状態になれば良い。ボウルに移して、卵を少しずつ加え混ぜる。木ベラですくい上げた時、きれいな逆三角形に落ちてくるかたさに仕上げる。［＊卵の量は、固さを見ながら、少しずつ加える！］

*3.* **成形と焼成**：口径7〜8mmの口金を付けた絞り袋に詰め、直径9cmのリング状に絞り、内側にもう1本絞る。2本のリングの溝の上に、もう1本リングを絞る。溶き卵を刷毛で塗り、15gの刻んだヘーゼルナッツを散らす。200℃のオーヴンに入れ、25〜30分焼成する。焼成後、ケーキクーラーに移して冷ます。

*4.* **クリーム**：卵黄とグラニュー糖をよく混ぜ、小麦粉とコーンスターチを加える。沸かした牛乳を注ぎ、撹拌する。再び鍋に戻し入れ、泡立て器で混ぜながら加熱する。濃度がつき、鍋底からフツフツと沸いたら火を止め、刻んだチョコレートを加えて溶かす。バットに移して、ラップフィルムを密着させて、冷蔵庫で冷ます。

*5.* **仕上げ**：ボウルに4のクリームを入れ、プラリネペーストを加え混ぜる。星形の口金を付けた絞り袋に詰める。シュー生地を横半分にスライスする。下生地にクリームを絞り、35gのローストしたヘーゼルナッツを散らし、上生地をのせ、粉糖をふる。

---

**チョコレートにまつわる美味しい話 No.33**
カカオパウダーが入ったシュー生地は焦げやすいので、生地が完全に膨らんだら、後半は温度を160〜170℃に下げる。

チョコレートはチーズとも上手くマリアージュします。甘みのあるグラノーラとドライフルーツ、ナッツをたっぷり詰めて、スイスシンでサンドしました。シャンパンやワインと一緒にアペリティフにいかがでしょうか…?

# Granola & Cream Cheese Chocolate Sandwich
## グラノーラとクリームチーズのチョコレートサンド

**15×15×H5cmの
カードル使用**

**ホワイトアーモンド(16ヶ分)**

クリームチーズ　60g
生クリーム　30ml
板ゼラチン　2g
生クリーム　15ml
LG／ホワイトアーモンド　90g
ドライチェリー　25g
ピスタチオ　18g
グラノーラ(市販品)　25g
スイスシン／ミルク　32枚

**ダークヘーゼルナッツ(16ヶ分)**

クリームチーズ　60g
生クリーム　30ml
板ゼラチン　2g
生クリーム　15ml
LG／ダークヘーゼルナッツ　90g
レーズン　25g
グラノーラ(市販品)　30g
スイスシン／ダーク　32枚

*1.* ホワイトアーモンド:板ゼラチンを氷水で戻す。クリームチーズをボウルに入れ、室温に戻す。加えるドライフルーツ、ナッツは、粗く刻む。チョコレートは、ナッツの食感を損なわない程度に粗く刻む。

*2.* 生クリーム30mlを鍋に入れひと煮立ちさせ、ゼラチンを加えて溶かす。チョコレートの中に加え混ぜる(*A*)。次に、生クリーム15mlをゆるめに泡立て、クリームチーズと合わせる(*B*)。*A*と*B*を合わせて、均一な状態にする。最後に、グラノーラ、ドライフルーツとナッツを加え混ぜる。

*3.* 型に入れて、表面をスケッパーで平らにする。ラップフィルムをして、冷蔵庫で一晩おく。

*4.* 型から外して、縦横4等分に切り、16個のピースを作る。

*5.* スイスシンでサンドする。[＊ダークヘーゼルナッツも作り方はホワイトアーモンドと同じ。]

---

**チョコレートにまつわる美味しい話 No.34**
スイスシンは、ダーク、ミルク、ミルクオレンジの3種類があるので、中身と自由に組み合わせてお楽しみください!

# Desserts

デザート

エスプレッソコーヒーにチョコレートを加えた "カフェモカ"。力強いカカオの香り
の中に、焙煎コーヒーのような、わずかなローストテイストを持った85％カカオと、
香り高いコーヒーは至極の組み合わせです。

# Café Mocha Mousse

カフェ モカ ムース

150 ～ 200ml
容量カップ4ヶ分

**ダークチョコレートムース**

牛乳　100ml
生クリーム　180ml
インスタントコーヒー　8g
マスコバド糖　大さじ4
板ゼラチン　3g
**EX ／ 85％カカオ**　60g

**ホワイトクリーム**

生クリーム　150ml
EX ／ ホワイトバニラ　50g

カカオパウダー　適量

*1.* **準備**：85％カカオとホワイトバニラのチョコレート
を刻んでそれぞれ別に溶かす。板ゼラチンを氷水
で戻す。

*2.* **ダークチョコレートムース**：牛乳と生クリーム
100mlを鍋に入れ、ひと煮立ちしたら、火を止め
る。インスタントコーヒー、マスコバド糖、ゼラチンを
加えて、完全に溶かす。ダークチョコレートの中に注
ぎ入れ、気泡を入れないように混ぜる。氷水につけ、
時々混ぜながら粗熱をとる。

*3.* 生クリーム80mlをゆるめに泡立て、1/4量を2の
チョコレートに加え、よく混ぜる。残りの生クリー
ムを加え、切るようにさっくり混ぜ合わせる。グラスや
カップに分け入れて、ラップフィルムをして、冷蔵庫で
冷やす。

*4.* **ホワイトクリーム**：生クリーム150mlを鍋に入れ、
ひと煮立ちさせる。ホワイトチョコレートの中に
注ぎ、混ぜ合わせる。氷水で粗熱をとり、冷蔵庫で冷
やす。その後、ゆるめに泡立てる。

*5.* **仕上げ**：ホワイトクリームをスプーンでムースの上
にのせ、カカオパウダーをふる。

**チョコレートにまつわる美味しい話 No.35**
コーヒーは、香り高いブルーマウンテンや、甘みやコクの中に独特の酸味を持つモカなどが、85％
カカオとの相性がとても良い。

砂糖をキャラメリゼしたパリパリの食感が魅力のひとつでもあるクレーム ブリュレですが、キャラメルシーソルトの風味とカカオニブのほろ苦さが加わると、それ以上の美味しさです。

# Caramel Sea Salt "Crème Brûlée"

**キャラメルシーソルトのクレーム ブリュレ**

## 4人分

牛乳　200ml
生クリーム　240ml
卵黄　4ヶ分
カソナード　大さじ2
EX ／キャラメルシーソルト　100g
バニラビーンズペースト　小さじ1

## 仕上げ

カソナード　適量
カカオニブ　適量

*1.* **オーヴン**：オーヴンの予熱を120℃に上げる。

*2.* 牛乳と生クリームを鍋に入れて、ひと煮立ちさせる（A）。卵黄とカソナード、バニラビーンズペーストをボウルに入れて、クリーム状になるまで混ぜる（B）。AをBの中に注ぎ入れて、撹拌する。

*3.* チョコレートを溶かして、2と混ぜ合わせる。器に流し入れる。

*4.* **焼成**：深型の天板またはバットに3の器を並べ、高さの半分くらいまでお湯を注ぐ。オーヴンで45〜60分湯煎焼きにする。焼成後、室温で冷まし、冷蔵庫でよく冷やしておく。

*5.* **仕上げ**：カソナードをふり、カカオニブをちらす。［＊ガスバーナーがあれば、カソナードをふった後にキャラメリゼしても良い。］

---

**チョコレートにまつわる美味しい話 No.36**
一般的なクレームブリュレのようにキャラメリゼしなくても、キャラメルシーソルトのチョコレートを使うことで、その味わいは充分に感じられる。

爽やかな酸味のパッションフルーツゼリー、マイルドな風味のミルクオレンジの
クレムー、オレンジアーモンドをまとったビスケットクリスピー、いろいろな食感と
フルーティーさを味わえるグラスデザートです。

# Chocolate Orange & Passion Fruit Verrine
## チョコレートオレンジとパッションフルーツのヴェリーヌ

**約180ml容量の
グラス8ケ分**

**ミルクオレンジのクレムー**

スイスシン／ミルクオレンジ　125g
卵黄　3ヶ分
グラニュー糖　15g
牛乳　200ml
生クリーム　120ml
板ゼラチン　5g

**パッションフルーツのゼリー**

パッションフルーツのピュレ（冷凍）
　　　　　250g
グラニュー糖　50g
オレンジ果汁　少々
板ゼラチン　3g

**ダークオレンジクリスピー**

グラハムビスケット　100g
EX ／オレンジアーモンド　80g
無塩バター　20g

**デコレーション**

オレンジ　1ヶ
パッションフルーツ　1ヶ

*1.* **ダークオレンジクリスピー：**チョコレートを手で割り、バターと一緒にボウルに入れて溶かす。ビスケットを粗く砕いて、チョコレートと混ぜ合わせ、全体をコーティングする。バットに広げ、ラップフィルムをかぶせて冷蔵庫に入れる。

*2.* **ミルクオレンジのクレムー：**ボウルに卵黄と砂糖を入れて混ぜる。牛乳を鍋に入れて火にかける。ひと煮立ちしたら、卵黄のボウルに注ぎ入れて撹拌し、再び鍋に戻し入れる。弱火にかけ、木ベラで絶えず混ぜながら、濃度がつくまで（85℃）加熱する。火を止め、戻したゼラチンとチョコレートを加えて溶かす。漉しながらボウルに移し、氷水で冷ます（A）。生クリームはゆるめに泡立て、冷めたAと一緒に混ぜ合わせる。

*3.* **組み立て：**グラスの $1/4$ 程度までミルクオレンジのクレムーを入れる。冷蔵庫で冷やす。［＊残ったクレムーも冷蔵庫で冷やしておく。］クレムーが完全に固まったら、その上に*1*のクリスピーを入れる。さらにクレムーを入れ、再び冷蔵庫でよく冷やす。

*4.* オレンジは、ナイフで上下のヘタを切り、皮と白い部分をペティナイフで削ぎ落とす。房と果肉の間にナイフを入れ、果肉を取り出す。房に残った果汁を絞り、残しておく（B）。

*5.* **パッションフルーツのゼリー：**ゼラチンを氷水で戻す。解凍したピュレの半量量と砂糖を鍋に入れ、火にかける。砂糖が溶けたら火を止めて、ゼラチンを入れて溶かす。残りのピュレとオレンジ果汁*B*を加える。トロッとした濃度になるまで氷水で冷やす。クレムーが完全に固まったら、最後にゼリー液をグラスの口まで入れ、冷蔵庫で冷やしておく。ゼリーが固まったら、パッションフルーツとオレンジの果肉を飾る。

---

**チョコレートにまつわる美味しい話 No.37**
時間をかけて1層ずつしっかり冷やし固めると、きれいな層に仕上がる。夏場は、ゼラチンの量を少し多めにする。

素朴なカスタードプリンにチョコレートが足し算されると、濃厚な味わいになります。さらにアールグレイで、なめらかな舌触りと共に香りも広がる、エレガントなプリンです。

# Earl Grey Milk Chocolate Caramel Custard

## アールグレイ風味のミルクチョコレートカスタードプリン

**約100mlの
プリン容器4ヶ分**

**チョコレートカスタードプリン**

全卵　1ヶ
卵黄　2ヶ分
グラニュー糖　40g
バニラビーンズペースト　小さじ$1/2$
牛乳　250ml
生クリーム　100ml
アールグレイの
茶葉　10〜15g
＊お好みで調整
EX ／エキストラクリーミー　70g

**キャラメル**

グラニュー糖　100g
水　100ml

*1.* **オーヴン**：オーヴンの予熱を160℃に上げる。

*2.* **キャラメル**：グラニュー糖と水を鍋に入れて火にかける。沸騰したら、鍋肌に跳ね返ったシロップを、水で濡らした刷毛でふき取る。中火で煮詰める。べっこう飴のような色になったらすぐに火を止め、鍋底を水につけ、粗熱をとり、すぐにプリン型に分け入れる。

*3.* **チョコレートカスタードプリン**：牛乳を鍋に入れてひと煮立ちさせる。火を止め、茶葉を入れる。蓋をして香りを抽出する（*A*）。全卵、卵黄、グラニュー糖、バニラビーンズペーストを入れ、よく混ぜ合わせる。チョコレートを細かく刻んで加える（*B*）。

*4.* *A*を漉して、200ml計量する。［＊200mlに満たない時は、牛乳を足す。］生クリームと一緒に鍋に入れ、再度ひと煮立ちさせる。*B*の中に注ぎ入れ、泡立てないように静かに混ぜる。プリン型に注ぎ入れる。

*5.* **焼成と仕上げ**：深型の天板またはバットに型を並べ、高さの半分くらいまでお湯を注ぐ。オーヴンで30〜35分湯煎焼きにする。焼成後、室温で冷まし、冷蔵庫でよく冷やしておく。型とプリンの間にペティナイフを差し込み、空気を入れて、お皿の上にひっくり返す。

---

**チョコレートにまつわる美味しい話 No.38**
ミルクチョコレートの風味を生かすために、キャラメルは煮詰め過ぎて苦味が出ないようにする。べっこう飴色くらいの状態が、マイルドな風味のキャラメルに仕上がる。

サクランボの産地であるフランス、リムーザン地方の伝統家庭菓子。エレガントなフローラル感のある78%カカオと、サクランボの酸味が重なりあった、色も風味も重厚なチョコレートクラフティーです。

# Chocolate Clafoutis

チョコレート クラフティー

**4人分**

**クラフティー液**

全卵　1ヶ
卵黄　1ヶ分
グラニュー糖　60g
牛乳　200ml
小麦粉　40g
**EX ／ 78%カカオ**　40g
無塩バター　20g
ダークチェリー（缶詰）
　　　　　260 〜 280g

カカオパウダー　適量

**型用**

バター　適量

*1.* **オーヴンと型**：オーヴンの予熱を180℃に上げる。グラタン皿またはタルト皿にバターをたっぷり塗る。

*2.* **クラフティー液**：全卵、卵黄、グラニュー糖をボウルに入れて混ぜ合わせ、ふるった小麦粉を加え混ぜる。

*3.* 牛乳を鍋に入れて、ひと煮立ちさせ、火を止める。細く刻んだチョコレートとバターを加えて溶かす。2の中に注ぎ、泡立てないように混ぜ合わせる。

*4.* **焼成**：グラタン皿にチェリーを並べ、クラフティー液を静かに流し入れる。オーヴンで25〜30分焼成する。

*5.* **仕上げ**：焼成後、粗熱が取れたら、カカオパウダーをふる。［*クラフティーは、温かいうちに食べても、冷めてから食べても、どちらも美味しい！］

---

**チョコレートにまつわる美味しい話 No.39**
サクランボのシーズンに、フレッシュのダークチェリーが手に入る時は、種を取らずにそのまま入れると、果汁のうまみが閉じ込められて美味しい。食べるときは種に注意しましょう！

チョコレートとバナナとキャラメル、多くを語る必要のない黄金の組み合わせではないでしょうか。タブレット1枚で、アイスクリームメーカーも使わない、簡単に作れるレシピです。

# Chocolate Banana Ice Cream

## チョコレートバナナ アイスクリーム

**アイスクリーム約600ml**

**クレームアングレーズ**

卵黄　4ヶ
マスコバド糖　75g
生クリーム　270ml
EX/キャラメルシーソルト　100g
バナナ（完熟）200g

バナナチップ（市販品）適量
カカオニブ　適量

*1.* **前日の準備：** バナナの皮をむいて、ラップフィルムで包み、冷凍庫に入れる。

*2.* **クレームアングレーズ：** ボウルに卵黄とマスコバド糖を入れよくすり混ぜる。生クリームを鍋に入れて火にかけ、沸いたら卵黄のボウルに注ぎ入れて撹拌し、再び鍋に戻し入れる。弱火にかけ、木ベラで絶えず混ぜながら、濃度がつくまで（85℃）加熱する。ボウルに移して、氷水で粗熱をとる（50℃くらいまで）。

*3.* チョコレートを割り、溶かす。クレームアングレーズと一緒に混ぜ合わせ、さらに氷水で冷やす。

*4.* 凍ったバナナを輪切りにして、少量の*3*を加え、フードプロセッサーにかける。バナナがピュレ状になったら、残りの*3*の全てを加え、均一でなめらかな状態にする。容器に移し、ラップフィルムをかぶせて、冷凍庫で4〜5時間しっかり冷やす。

*5.* **仕上げ：** アイスクリームを、ディッシャーまたはスプーンでグラスに盛り、周囲にバナナチップスを飾り、カカオニブをトッピングする。

---

**チョコレートにまつわる美味しい話 No.40**
バナナは、シュガースポット（黒い斑点）が全体に出ている状態のものが理想。熟成感、甘みが増し、ねっとりとした食感が、アイスクリームにした時に美味しい！

小麦粉、バター、グラニュー糖をそぼろ状にした、ドイツ起源のシュトロイゼル。コンポート、カスタードクリーム、サクサクのシュトロイゼルを組み合わせ、甘酸っぱいルバーブとストロベリー味の冷たいデザートです。

# Rhubarb & Strawberry Chocolate Streusel
## ルバーブとストロベリーチョコレートのシュトロイゼル

**4〜6人分**

**ルバーブとストロベリーの
コンポート**

イチゴ　200g
ルバーブ（冷凍）　400g
グラニュー糖　120g

**ストロベリー
カスタードクリーム**

牛乳　250ml
卵黄　3ヶ分
グラニュー糖　50g
コーンスターチ　15g
EX／ストロベリーダーク　60g
生クリーム　50ml

**チョコレートシュトロイゼル**

アーモンドパウダー　40g
小麦粉　60g
グラニュー糖　25g
無塩バター　40g
EX／ストロベリーダーク　50g

*1.* **コンポート**：イチゴとルバーブ、グラニュー糖をボウルに入れ、果汁が出るまで置いておく。［＊前日に行っても良い。］果汁だけを鍋に入れて火にかける。シロップ状になるまで煮詰めたら、果肉を加える。果肉がやわらかくトロッとするまで加熱する。ボウルに移して、冷蔵庫で冷やす。

*2.* **カスタードクリーム**：卵黄とグラニュー糖をよく混ぜ、コーンスターチを加える。ひと煮立ちした牛乳を注ぎ、撹拌する。再び鍋に戻し入れ、泡立て器で混ぜながら加熱する。濃度がつき、鍋底からフツフツと沸いたら火を止め、チョコレートを加えて溶かす。バットに移して、ラップフィルムを密着させて、冷蔵庫で冷やす。その後、冷蔵庫から出して、ボウルに移し、ホイッパーでほぐすように混ぜる。生クリーム50mlを泡立て、加え混ぜる。

*3.* **シュトロイゼル**：アーモンドパウダー、小麦粉、グラニュー糖、キューブ状に切ったバターをフードプロセッサーにかける。サラサラの砂状になったら、ボウルに取り出す。生地を両手で擦り合わせるようにしながら混ぜ、そぼろ状にする。天板に広げ、180℃のオーヴンで15〜20分、全体がきつね色になるまで焼成する。焼きムラが出来ないように、途中、オーヴンから出してフォークで混ぜる。焼成後、完全に冷ます。

*4.* 粗く刻んだストロベリーダーク50gをボウルに入れ、溶かす。冷めたシュトロイゼルを加えて、よく混ぜ合わせ、チョコレートをシュトロイゼルにむらなくコーティングする。バットに広げて、冷蔵庫で冷やす。

*5.* **仕上げ**：グラスやカップにカスタードクリーム、コンポート、シュトロイゼルの順に重ねて入れる。［＊入れる分量、比率は好みで調整する。］

**チョコレートにまつわる美味しい話 No.41**
グラタン皿にコンポートを敷き、その上にカスタードをのせ、シュトロイゼルでクリーム全体を覆って、150〜160℃のオーヴンでかるく温め、アメリカの"コブラー"のように温製で食べても美味しい。

豊かなカカオのアロマと、魅惑的な口溶けを持つ78％カカオチョコレート。
その味わいを感じて頂くために、最もシンプルなチョコレートムースに仕立てました。

# Chocolate Mousse & Crimson Fruits Compote

## チョコレートムースと真紅色のフルーツのコンポート

### 8人分

**チョコレートムース**

グラニュー糖　60g
水　45ml
卵黄　2ヶ分
**EX ／ 78％カカオ**　100g
生クリーム　220ml

**フルーツのコンポート**

フランボワーズ　130g
プラム　300g
イチジク　220g（約3ヶ）
グラニュー糖　100g
水　大さじ2

*1.* **チョコレートムース**：グラニュー糖と水を鍋に入れ、火にかける。温度計（200℃）を使い、シロップが118〜120℃になるまで煮詰める。［＊途中、鍋肌に跳ね返ったシロップが焦げやすいので、濡れた刷毛で拭きながら作業する。］卵黄をボウルに入れ、煮詰めたシロップを糸状に垂らしながら加え、ミキサーで泡立てる。空気が入り、レモン色のふんわりとしたクリーム状になるまで泡立てる。

*2.* チョコレートを細かく刻んで溶かす。生クリーム40mlを鍋か電子レンジで温め、チョコレートと混ぜ合わせて溶かす。生クリーム180mlをゆるく角が立つくらいまで泡立て、チョコレートと一緒に混ぜ合わせる。

*3.* *2*のチョコレートクリームの少量を、*1*の中に加え、よく混ぜ合わせる。残りのチョコレートクリームも全て加え、気泡を潰さないように、切るようにさっくり混ぜる。

*4.* **フルーツのコンポート**：グラニュー糖と水を鍋に入れ、火にかける。グラニュー糖が溶けたら、プラムとイチジクを入れ、煮崩れしない程度に果肉がやわらかくなるまで煮る。次にフランボワーズを加え、5分ほど加熱して火を止める。バットに移して、冷ましておく。

*5.* **仕上げ**：器にコンポートを入れ、チョコレートムースをスプーンでたっぷりのせる。

---

**チョコレートにまつわる美味しい話 No.42**
バニラやフローラルのほのかな香りを持つ78％カカオは、ブラックベリーやブルーベリーなど濃厚なベリー類をコンポートに加えても良い。

カスタードプリンよりも濃厚で、よりなめらかなポ・ド・クレーム。バランスの良い、多面的な風味を持つ70%カカオに、エキストラクリーミーでマイルドさを加えました。オーヴンなしで作れるチョコレートデザートです。

# "Pot de Crème Chocolat"

**チョコレートのポ・ド・クレーム**

## 4人分

牛乳　200ml
生クリーム　180ml
卵黄　2ヶ分
グラニュー糖　40g
**EX ／ 70%カカオ**　160g
EX ／エキストラクリーミー　50g

**ラム風味のキャラメルソース**

グラニュー糖　100g
水　100ml
ラム酒　適量
バニラエッセンス　適量

*1.* 2種類のチョコレートは刻んで、合わせて溶かす。

*2.* ボウルに卵黄とグラニュー糖を入れよくすり混ぜる。牛乳と生クリームを鍋に入れて火にかける。ひと煮立ちしたら、卵黄のボウルに注ぎ入れて撹拌し、再び鍋に戻し入れる。弱火にかけ、木ベラで絶えず混ぜながら、濃度がつくまで（85℃）加熱する。

*3.* 溶かしたチョコレートに*2*を加え、泡立てないように混ぜ合わせる。デミタスカップやデザートカップなどに注ぎ入れる。冷蔵庫で冷やす。

*4.* **キャラメルソース**：グラニュー糖と水50mlを鍋に入れ、火にかけて煮詰める。琥珀色になったら火を止め、残り50mlの水を少しずつ注ぎ入れる。［＊水を一度に入れると、噴きこぼれることがあるので、火傷をしないように注意する。］

*5.* ボウルに移して冷ます。最後にラム酒とバニラエッセンスで香りをつける。食べる時にキャラメルソースをかける。

---

**チョコレートにまつわる美味しい話 No.43**
濃厚なカカオ風味がお好みであれば、70%カカオのみ、または78%カカオの使用で、ダークチョコレート感がしっかり味わえる。ソースに加えるお酒も、ウイスキーやコニャックなど、香りのバリエーションを楽しんで。

18世紀頃、スイスのマイリンゲンという小さな町が発祥と言われるメレンゲ。
19世紀に、なめらかなチョコレートが誕生するきっかけもスイスのロドルフ・リンツ
によるものです。スイスに思いを馳せたデザートです。

# Chocolate Fondue & Meringue

チョコレート フォンデュとメレンゲ

---

### メレンゲ

卵白　2ヶ分
グラニュー糖　100g
粉糖　20g
コーンスターチ　大さじ1

*メレンゲ1倍量に対しての
各パウダー量
ストロベリーパウダー　10g
マンゴーパウダー　12g
抹茶　8g

### チョコレートフォンデュ

EX ／ 78%カカオ　100g
牛乳　50ml
生クリーム　100ml
無塩バター　10g

---

**美味しい食べ方のアイデア**

グラスの底にメレンゲを割り
入れ、お好みのアイスクリー
ム、さらにメレンゲをのせ、上
から温かいチョコレートフォ
ンデュをかけ、スプーンで混
ぜながら食べる。メレンゲの
サクサクの食感と、冷たいア
イスクリームに温かいフォン
デュ、ホット&クールなデザー
トです。

---

*1.* **チョコレートフォンデュ**：チョコレートを細かく
刻んで、溶かす。牛乳と生クリームを鍋に入れ、
ひと煮立ちさせる。チョコレートの中に注ぎ入れ、気泡
を入れないように混ぜる。最後に、バターを加える。[*
スティックミキサーをかけて、チョコレートと液体をしっかり乳
化させると、よりなめらか仕上がりになる。] フォンデュ用の
鍋、または耐熱容器などに移す。

*2.* **メレンゲ**：粉糖、コーンスターチと一緒に、各
フレーバーパウダーをふるう。使用するボウルよ
りひとまわり小さい直径の鍋にお湯を沸かし、湯煎の
準備をする。

*3.* 卵白をボウルに入れ、液状になるまでよくほぐす。
泡立て器またはハンディミキサーで泡立て始める。
かるく角が立つ状態になったら、グラニュー糖の$1/3$量
を加え混ぜる。グラニュー糖が溶けたら、残り$2/3$のグ
ラニュー糖を加えて、湯煎鍋にかける。角がしっかり
と立つ、純白のかたいメレンゲになったら、湯煎から
外す。最後に、*2*の粉類を加え、切るようにさっくり混
ぜる。

*4.* **成形**：星6切の口金を付けた絞り袋にメレンゲ
を詰める。天板の上で、中心から反時計回りに、
2〜3周絞り、直径6〜7cmのバラ形にする。

*5.* **焼成**：100℃のオーヴンで、2〜3時間乾燥焼き
にする。[*中までサクサクのメレンゲに焼き上がって
いれば良い。] 湿度が低い時は短めに、湿度が高い時
は長めに乾燥焼きする。

---

**チョコレートにまつわる美味しい話 No.44**
78%カカオは、エクセレンスの中でも秀でたなめらかさを持つチョコレート。その特徴を生かして作る
フォンデュだが、マイルドなカカオ味がお好みであれば、70%カカオがお勧め。

# Truffes, Confiserie

トリュフ、コンフィズリー

濃厚な黒イチジクと香り豊かなポルト酒の風味そのままを味わってもらうため、チョコレートでコーティングしない、カカオパウダーを直接まぶした生チョコタイプに仕上げました。

# Fig & Porto Truffle Chocolate

## イチジクとポルト酒のトリュフチョコレート

**トリュフ30ヶ分**

EX ／フィグ　100g
生クリーム　50ml
無塩バター　30g
ハチミツ　15g
ポルト酒　大さじ1

カカオパウダー　60〜80g
チョコレートスプレー　適量

*1.* バターを小さい角切りにして室温に戻しておく。

*2.* チョコレートを手で割り、ボウルに入れて湯煎で溶かす。鍋に生クリームとハチミツを入れ、ひと煮立ちさせる。チョコレートの中に注ぎ入れ、空気を入れないようにゴムベラで静かに混ぜながら乳化させる。

*3.* やわらかいバターを少しずつ加え、チョコレートの中に完全に乳化させる。粗熱がとれたら、最後にポルト酒を加える。氷水にあて、混ぜ跡が少し残るくらいのかたさにする。口径約1cmの口金を付けた絞り袋に詰める。

*4.* 天板またはバットにラップフィルムを敷き、その上に、直径約2cmの円錐形に絞り出す。先端にチョコレートスプレーを突き刺す。室温が16℃以下の場合は、固まるまでそのまま室温に置く。［＊もし室温が16℃以上の場合は、冷蔵庫に入れる。］

*5.* ミニパレットやペティナイフを直火でかるく温め、絞り跡をなでるようにして、イチジクのような形にする。すぐにカカオパウダーを全体にたっぷりとふりかける。

---

**チョコレートにまつわる美味しい話 No.45**
チョコレートと生クリームをゴムベラで静かに混ぜた後、スティックミキサーで空気を入れないように乳化させると、さらにまったり、とろけるような口溶けのトリュフに仕上がる。

ピスタチオの食感と共に、ミルキーなホワイトバニラが口の中で溶けると、フリーズドライの粒々が入ったフランボワーズチョコレートのガナッシュ、最後に、トロッとしたフランボワーズジャムが登場するトリプル層のトリュフです。

# Framboise & Pistachio Truffle Chocolate
## フランボワーズとピスタチオのトリュフチョコレート

**トリュフ16〜18ヶ分**

**ガナッシュ**
EX／フランボワーズ　100g
生クリーム　50ml
無塩バター　10g
フランボワーズジャム（市販品）
　　　　　　　　　60〜80g

**コーティング**
EX／ホワイトバニラ　150g
ピスタチオ　30g

*1.* **ガナッシュ**：フランボワーズチョコレートを粗く刻み、ボウルに入れて湯煎で溶かす。生クリームを鍋に入れ、火にかけてひと煮立ちさせ、チョコレートの中に加える。気泡が入らないように静かに混ぜ、最後にバターを入れる。バットにラップフィルムを敷いて、ガナッシュを流し入れる。上からもラップフィルムを密着させて被せ、冷蔵庫に1〜2時間入れる。

*2.* ガナッシュを16〜18等分にする。各等分にフランボワーズジャムを小さじ1/2量ほどのせる。ジャムがセンターになるように、ガナッシュを手早く両手で丸める。［＊手のひらが熱いと、ガナッシュがやわらかくなるので、氷水などで手を冷やしながら作業を行う。］成形後、再び、冷蔵庫に入れる。

*3.* ピスタチオを160℃のオーヴンでかるくローストする。デコレーション用は半割にして、残りは粗く刻む。

*4.* **コーティング**：ホワイトバニラを刻んでボウルに入れ、湯煎で溶かし、テンパリングする。（P143参照）最後に刻んだピスタチオを加え、さっくり混ぜる。

*5.* **仕上げ**：成形した*2*のガナッシュを、1個ずつ*4*のチョコレートの中に浸け、コーティングする。フォークですくい上げて、クッキングシートを敷いたバットに移し、デコレーション用のピスタチオをのせる。室温が16℃以下の場合は、固まるまでそのまま室温に置く。［＊もし室温が16℃以上の場合は、冷蔵庫に入れる。］

---

**チョコレートにまつわる美味しい話 No.46**
お好みで、ジャムを入れずに、フランボワーズリキュールやフランボワーズのオー・ド・ヴィー（ブランデー）を10gほど加えると、香り高いガナッシュに仕上がる。

トウガラシがピリッと効いたチリペッパーチョコレートに、スパイスをたっぷり使った
ナッツのキャラメリゼを加え、ザクザクとした歯ごたえのある、新鮮で刺激的なチョコ
レートバー。

# Spicy Nuts & Chilli Chocolate Bar
## スパイシーナッツとチリペッパーのチョコレートバー

**チョコレートバー 8本分**
**2.5×10×H1.5cmの**
**シリコン型**

**ナッツのキャラメリゼ**

皮付きアーモンド　50g
皮付きヘーゼルナッツ　50g
ピーカンナッツ　30g
グラニュー糖　60g
水　30ml
バター　20g
ミックススパイスパウダー
　　　　　　小さじ1～2
＊シナモン、クローブ、ナツメ
グ、ブラックペッパーなど、お
好みのスパイスパウダーを
混ぜる。

レーズンミックス　50g
＊レーズン、サルタナレーズン、
グリーンレーズンなど
EX／チリペッパー　100g

フィユティーヌ　25g
EX／シーソルト　50g

**デコレーション**

EX／ホワイトバニラ　50g

*1.* **ナッツのロースト**：3種類のナッツを、天板にの
せて160℃のオーブンで8～10分、香ばしくロー
ストする。乾いた布巾に包んでナッツを転がし、薄皮
を軽く剥離させる。皮は少し残るくらいが良い。

*2.* **ナッツのキャラメリゼ**：鍋にグラニュー糖と水を
入れて火にかける。グラニュー糖が溶けて沸騰し
たら、118～120℃（200度計を使用）まで煮詰める。
火を止めて、ナッツ類を入れる。木ベラで混ぜながら
勢いよく混ぜる。グラニュー糖が結晶化して、ナッツの
表面が白くなったら、再度火にかける。絶えず混ぜな
がら、結晶化したグラニュー糖が溶けてキャラメル化
するまで加熱する。パチパチと音がしてきたら火を止
め、ミックススパイスをふり入れ、よくかき混ぜる。最
後にバターを加え、すぐに天板またはシリコンシートの
上に移す。ナッツがくっつかないように、フォークで広
げてバラバラにする。

*3.* **成形1**：シーソルトチョコレートを溶かし、テンパ
リングする。（P143参照）フィユティーヌを加え、
均一な状態になるまでよく混ぜる。8等分にして、シリ
コン型に入れ、ティースプーンで押さえるように敷き込む。

*4.* **成形2**：キャラメリゼしたナッツは粗く刻む。チリ
ペッパーチョコレートを溶かし、テンパリングする。
ナッツ、レーズン、チョコレートを手早く混ぜ、*3*の上
から詰め、シリコン型ごと作業台に数回叩きつけて気
泡を抜く。室温が16℃以下の場合は、固まるまで室
温に置く。もし室温が16℃以上の場合は、ラップフィ
ルムをかぶせて冷蔵庫に入れる。

*5.* **仕上げ**：チョコレートが固まったら型から外す。
ホワイトバニラを溶かし、テンパリングする。パイピ
ング用コルネに詰め、バーの上にデコレーションする。

---

**チョコレートにまつわる美味しい話 No.47**
フィユティーヌは、クレープを乾燥させたようなパリパリした食感のある食材ですが、手に入らない場合
は、細かく砕いたシリアル（コーンフレークや好みのもの）などで代用可能。

サクサクのサブレ生地に、トロピカルのドライフルーツとホワイトバニラをのせた、
ちょっとよくばりなタブレットチョコレート。たくさんの風味と食感が楽しめます。

# Dried Fruits & Sablé Tablet Chocolate

## ドライフルーツとサブレのタブレットチョコレート

15×15×H5cm
**カードル使用**

**サブレ生地**

小麦粉　100g
粉糖　50g
無塩バター　50g
卵黄　1ヶ分
水　小さじ1
バニラビーンズペースト　小さじ1
塩　ひとつまみ

強力粉（打ち粉用）　適量

EX／ホワイトバニラ　150g
ドライパイン　40g
ドライアップル　40g
ドライパッションフルーツ　40g

**1.** **準備**：オーヴンの予熱を160℃に上げる。天板にシリコンシートまたはクッキングシートを敷いて、カードルをのせる。

**2.** **サブレ生地**：ボウルに小麦粉、粉糖、塩、キューブ状に切った冷たいバターをフードプロセッサーにかけて、サラサラの砂状にする。卵黄、バニラペースト、水を加え、生地をひとまとめにする。生地を取り出し、平らにしてラップフィルムで包む。冷蔵庫で最低1時間休ませる。［＊時間があれば一晩休ませる。］

**3.** **成形と焼成**：作業台にかるく打ち粉をして、生地をめん棒で厚さ4～5mmに伸ばす。1の天板に移し、カードルで生地をくり抜く。カードルからはみ出した生地は除去する。オーヴンに入れ、25～30分焼成する。焼成後、カードルを外し、ケーキークーラーの上で完全に冷ます。

**4.** サブレ生地を波刃の包丁で2等分にする。それぞれのサブレ生地の周囲にケーキ用ムースフィルムを巻いて、再度カードルに入れる。［＊生地とチョコレートのかたさに違いがあるため、サブレ生地はあらかじめ切り分けてから、チョコレートを流し固めた方が、きれいな仕上がりになる。］

**5.** **仕上げ**：各ドライフルーツを2～3等分に切る。ホワイトバニラを刻んでボウルに入れ、湯煎で溶かし、テンパリングする。（P143参照）3種類のドライフルーツとチョコレートを混ぜ合わせ、サブレ生地の上にゆっくりと流し入れる。室温が16℃以下の場合は、固まるまでそのまま室温に置く。［＊もし室温が16℃以上の場合は、冷蔵庫に入れる。］

---

**チョコレートにまつわる美味しい話 No.48**
クセのないホワイトバニラは、どんなフルーツとも良く合います。ドライのチェリーやクランベリー、カシス、ブルーベリーなど、赤い実のタブレットチョコレートもお勧めです！

1930年、スイスのジュネーヴで誕生した、"パヴェ（石畳み）"を象った生チョコ。ストロベリーと相性の良いブラックペッパーをピリッと効かせ、カカオパウダーとストロベリーパウダーで仕上げたコントラストある石畳みです。

# Strawberry & Pepper "Pavé Chocolat"
## ストロベリーとペッパーのチョコレートパヴェ

1.5×1.5cm
**キューブ 64 ヶ分**
**12×12cmのカードル使用**

**ガナッシュ**
EX／ストロベリーダーク　200g
生クリーム　60ml
水飴30g
ストロベリーのピュレ　80g
ブラックペッパー　適量

**仕上げ**
カカオパウダー　30g
ストロベリーパウダー 30g
粉糖　10g

*1.* 鍋にストロベリーのピュレを入れ、焦げないように混ぜながら、約40gになるまで煮詰める。

*2.* チョコレートは手で割り、ボウルに入れて湯煎で溶かす。鍋に生クリームと水飴を入れてひと煮立ちさせる。煮詰めた *1* のピュレと合わせて、チョコレートの中に加え、空気を入れないように静かに混ぜて、乳化させる。最後に、ブラックペッパーを好みの量で入れる。

*3.* カードルの底にラップフィルムをピンと張り、側面部分をセロテープで固定する。*2* のガナッシュを流し入れる。作業台の上で軽く振動を与え、気泡を抜き、表面を平らにする。上からラップフィルムをかぶせる。室温が16℃以下の場合は、固まるまでそのまま室温に置く。［＊もし室温が16℃以上の場合は、冷蔵庫に入れる。］

*4.* ガナッシュが固まったら、ラップフィルムとカードルを外し、まな板の上にのせる。包丁の刃を温めて、まず、1.5cmの棒状に切る。90度向きを変えて、同様に1.5cm幅に切る。

*5.* ストロベリーパウダーと粉糖を一緒にふるいバットに入れる。カットしたガナッシュの半分をバットに入れ、キューブの全面にパウダーをまぶす。別のバットにカカオパウダーを入れる。残り半分のガナッシュを入れ、キューブの全面にカカオパウダーをまぶす。

---

**チョコレートにまつわる美味しい話 No.49**
カットするキューブの大きさは好みで調整する。例えば、1粒を2cm角にカットすれば、36ヶ分のトリュフが出来る。

バニラとキャラメル風味の濃厚なチョコレートスプレッド。70％カカオとエキストラ
クリーミーを混ぜることで、深い味わいに仕上がりました。食パンやクロワッサンに
たっぷり塗り、美味しいコーヒーと一緒に…。

# Caramel Vanilla Chocolate Spread

## キャラメル バニラのチョコレートスプレッド

グラニュー糖　100g
生クリーム　250ml
バニラ　1本
練乳　120g
水飴　10g
**EX ／ 70%カカオ**　100g
EX ／エキストラクリーミー　70g

*1.* 2種類のチョコレートを刻み、ボウルに入れて湯煎で溶かす。

*2.* バニラは莢を縦半分に割いて、中の種をペティナイフでこそげ取る。莢も種も、生クリームと一緒に鍋に入れ、温める。

*3.* 深めの鍋にグラニュー糖の $1/3$ 量を入れて火にかける。グラニュー糖が溶けて飴色になってきたら、$1/3$ 量のグラニュー糖を加えて同様に溶かす。残り $1/3$ 量のグラニュー糖をさらに加え、全て溶かす。白い薄煙が立ち上るくらいまで煮詰め、濃いキャラメルを作る。火を止めて、*2* の生クリームの半量を加え混ぜる。

*4.* 再び火にかけて、木ベラでかき混ぜながらキャラメルを溶かす。再沸騰させて、キャラメルのダマが残らないように完全に溶かす。練乳、水飴、残りの生クリームを加え、ひと煮立ちさせる。最後に、*1* のチョコレートを加え混ぜる。

*5.* 火傷しないように、バニラの莢をフォークで取り出す。スティックミキサーで撹拌して乳化させ、なめらかな状態にする。煮沸したジャム瓶に詰める。

---

**チョコレートにまつわる美味しい話 No.50**
70％カカオとエキストラクリーミーを加える比率は好みで調節可能ですが、多すぎるとスプレッドが
かたい仕上がりになるので、ミルクチョコレートは必ず加えた方が良い。

口にほおばると、キャラメルのテクスチャーを感じ、次第にチョコレートの口溶けに変わります。キャラメルのような…、チョコレートのような…リッチな味わいに、ピエモンテ産のヘーゼルナッツの食感も加わり、楽しいキャラメルです。

# Hazelnuts Chocolate Caramel
## ヘーゼルナッツ チョコレート キャラメル

**2.5×2.5cm**
**キューブ 36 ヶ分**
**15×15cmのカードル使用**

生クリーム　250ml
牛乳　50ml
グラニュー糖　250g
水飴　80g
無塩バター　20g
EX／ピエモンテヘーゼルナッツ　80g

サラダオイル　適量

*1.* カードルの内側に薄くサラダオイルを塗る。底が平らな天板やバットの上に、シリコンシートを敷き、カードルをのせる。

*2.* チョコレートは、ヘーゼルナッツの粒の食感を残すため、手でザックリと割る。

*3.* 深めの鍋に生クリーム、牛乳を入れて火にかける。沸騰したらグラニュー糖を加え、完全に溶けたら水飴を加える。木ベラで絶えず混ぜながら、温度計を入れて120℃まで煮詰める。

*4.* 火を止めてバターを加える。次にチョコレートを加え、手早く混ぜ合わせ、チョコレートを完全に溶かす。カードルに手早く流し入れ、作業台の上で軽く振動を与え、気泡を抜き、表面を平らにする。涼しい場所（室温）で固める。

*5.* チョコレートキャラメルをカードルから外す。包丁の刃にサラダオイルを塗り、2.5cm角に切り分ける。キャラメル用グラシンペーパーで包む。

---

**チョコレートにまつわる美味しい話　No.51**
ヘーゼルナッツの食感をリッチに楽しみたい時には、ヘーゼルナッツダイスを好みで加えても良い。

# Boissons

ドリンク

ピッパリ（pippali）と呼ばれるロングペッパー。バランスのとれたマイルドな味わいの70%カカオに、甘みと爽快さのあるロングペッパーがピリッと効いた、後味をひく美味しさのホットダークチョコレートドリンクです。

# Long Pepper Hot Dark Chocolate

**ロングペッパー風味のホットダークチョコレート**

### 4人分

**EX ／ 70%カカオ　100g**
牛乳　200ml
生クリーム　100ml
カソナード　大さじ1

**フォームミルク**
牛乳　100ml

**仕上げ**
ロングペッパー（ヒハツ）適量

*1.* チョコレートを細かく刻む。

*2.* 鍋に牛乳と生クリーム、カソナードを入れ、ひと煮立ちさせて火を止める。

*3.* チョコレートを加え、完全に溶けるまでよく混ぜる。最後に、スティックミキサーで撹拌すると、より舌触りのなめらかな仕上がりになる。

*4.* **フォームミルク**：小さな鍋に牛乳100mlを入れ、60〜70℃に温める。または、電子レンジで温める。電動ミルクフォーマーで泡立てる。

*5.* カップの8分目くらいまでチョコレートドリンクを注ぎ、その上からフォームミルクを静かに入れる。仕上げに、ロングペッパーをふりかける。

---

**チョコレートにまつわる美味しい話 No.52**
牛乳だけでも美味しいチョコレートドリンクは作れるが、脂肪分のある生クリームが入ることで、コクのある仕上がりになる。加えるカソナードの量は好みで増減可能。

さまざまなフルーツとの相性が良いホワイトチョコレート。濃厚に作ったホワイトチョコレートドリンクをベースに、桃のピュレをたっぷり混ぜて、ネクターのような喉ごしのコールドドリンクです。

# Peach & White Vanilla Chocolate Nectar

**桃とホワイトバニラのチョコレートネクター**

## 4人分

EX／ホワイトバニラ　100g
牛乳　260ml
生クリーム　130ml
ハチミツ　8g
桃の果肉（缶詰）300g
桃の缶汁　大さじ1～2

*1.* 桃の果肉に、大さじ1～2杯の缶汁を加え、ミキサーにかけてなめらかなピュレ状にする。冷凍庫に入れて、シャーベット状になるまで凍らせる。

*2.* ホワイトチョコレートを細かく刻む。

*3.* 鍋に牛乳と生クリーム、ハチミツを入れ、ひと煮立ちさせ、火を止める。

*4.* チョコレートを加え、完全に溶けるまでよく混ぜる。最後に、スティックミキサーで撹拌すると、より舌触りのなめらかな仕上がりになる。ボウルに移し、ラップフィルムをかける。冷蔵庫でよく冷やしておく。

*5.* 冷やしたチョコレートドリンクとシャーベット状の桃のピュレを合わせ、ミキサーにかける。グラスに移して、冷たいうちに飲む。

---

**チョコレートにまつわる美味しい話 No.53**
使用するフルーツは、フレッシュを使うとドリンクが水っぽくなってしまうので、缶詰やシロップなどで加熱した方が、濃厚な仕上がりになる。使用する桃は、白桃、黄桃、お好みで。

キャラメル風味のテイストを持つエキストラクリーミーは、紅茶やスパイスと相性が良いチョコレートです。お好みの茶葉とスパイスでマサーラー・チャイのような風味をお楽しみください。

# Cardamon Tea Hot Milk Chocolate

**カルダモンと紅茶風味のホットミルクチョコレート**

## 4人分

EX/エキストラクリーミー　100g
牛乳　300ml
生クリーム　40ml
紅茶（茶葉）　5g
＊お好みの茶葉
カルダモンシード　6粒

*1.* チョコレートを細かく刻む。

*2.* 牛乳、紅茶、カルダモンシードを鍋に入れて沸騰させる。火を止め、蓋をして5〜6分そのまま置き、香りを抽出する。

*3.* 茶こしで漉して、茶葉とカルダモンを取り除き、再び鍋に戻し入れる。生クリームを加える。もう1度火にかけてひと煮立ちさせる。

*4.* チョコレートを加え、完全に溶けるまでよく混ぜる。最後に、スティックミキサーで撹拌すると、より舌触りのなめらかな仕上がりになる。

*5.* 電動ミルクフォーマーをかけて泡立て、カップに注ぎ入れる。

---

**チョコレートにまつわる美味しい話 No.54**
エキストラクリーミーは、コクと芳醇な香り、かるい渋味が特徴のアッサムティーとの相性がとても良いが、セイロンやダージリンでもお好みの茶葉で楽しめる。

抹茶とユズ、ジャパンフレーバーを代表する2つの食材を、まろやかなホワイト
チョコレートでホットドリンクにしました。湯気と一緒に香り立つ、抹茶とユズの
香りをお楽しみください。

# Matcha Yuzu Hot Chocolate

**抹茶とユズのホットチョコレート**

## 4人分

EX ／ホワイトバニラ　75g
**EX ／ 99%カカオ**　1片
牛乳　250ml
生クリーム　100ml
抹茶　8g
ユズ　1ヶ

＊フレッシュのユズが手に入
　らない季節は、上記のレシ
　ピ1倍量に対して、フリーズ
　ドライのユズの皮4〜5gを
　牛乳に漬けて、一晩、冷蔵
　庫で香りをつける。

*1.* ホワイトチョコレートと99%カカオを細かく刻む。

*2.* 鍋に牛乳と生クリームを入れ、ひと煮立ちさせて
火を止める。

*3.* 抹茶と刻んだ99%カカオを小さいボウルに入れる。
*2*の少量を注ぎ入れ、ダマが残らないように、泡立
て器で溶かし混ぜる。

*4.* 残りの*2*の中に、ホワイトチョコレートと*3*を加え、
完全に溶けるまでよく混ぜる。ユズの表皮をすり
おろして加える。最後に、スティックミキサーで撹拌
すると、より舌触りのなめらかな仕上がりになる。

*5.* 電動ミルクフォーマーをかけて泡立て、カップに
注ぎ入れる。

---

**チョコレートにまつわる美味しい話 No.55**
99%カカオは、抹茶の味をより濃く引き出すための隠し味。ミルキーな抹茶テイストが好みの場合は、
ホワイトバニラのみで仕上げると良い。

# LINDOR
リンドール

愛らしく華やかな包みでおなじみのリンツ一番人気のチョコレート。上質なチョコレートで出来た繊細なシェルを破ると、この上なくなめらかなフィリングがお口の中で甘美に溶け始め、あなたを至福のひとときに誘います。

リンドールの楽しみは、その豊富なフレーバーのバリエーションにもあります。リンツのお店では、定番の約20種類のリンドールに加え、季節限定のフレーバーや包みのリンドールが登場します。

# EXCELLENCE

エクセレンス

リンツのタブレットチョコレートの
最高峰。リンツのメートル・ショコ
ラティエによって厳選された最高
品質のカカオ豆と材料を使用し、
そのチョコレート作りにかける情
熱と卓越した技術をもって生み出
される、洗練された深い味わいの
チョコレートです。
その美しいパッケージを開き、薄く
エレガントなシェイプの一片を口に
すれば、カカオの豊かな香りと究
極の味わいがグルメなあなたを新
たな味覚の旅へと誘います。

美味しく、楽しく、気軽に
お菓子作りをするための

レシピは、何度も作ることで
自分のものになっていきます。
読んで、作って、疑問に感じ
ること、迷うことや、レシピに
登場する言葉をキーワードに
Q&Aにまとめました。

*Q* 材料表にある、「EX／70％カカオ」、
「LG／ダークヘーゼルナッツ」のアルファベットの文字は？

*A* 使用するリンツのチョコレートの商品カテゴリーの略です。
EX＝エクセレンスチョコレート、LG＝レ・グランデになります。

・・・・・・・・・・・・・・・・・・・・・・・・・・・・・・・・・・・・・・・・・・・・・・・・・・・・・・・・・・・・・・・・・・

*Q* 材料にある「小麦粉」はどんな種類？

*A* レシピでは、[スーパーバイオレット]を使用しています。キメの細かい
生地に焼き上がり、クッキーなどはホロっとした食感になり、お菓子
作りには万能タイプの小麦粉です。現在、製菓材料専門店には、
さまざまな種類の小麦粉が売られていますので、作るお菓子に合わ
せて小麦粉のタイプを選ばれても良いです。一般的なスーパーで
売られている薄力粉でも十分適しています。レシピに出てくる「打
ち粉」には、粒子の細かい強力粉が適しています。

・・・・・・・・・・・・・・・・・・・・・・・・・・・・・・・・・・・・・・・・・・・・・・・・・・・・・・・・・・・・・・・・・・

*Q* 「全卵」は
何サイズ？

*A* 標準的なM玉を
使用しています。

*Q* 「生クリーム」の
脂肪分は？

*A* 乳脂肪分35〜36％を
使用しています。

・・・・・・・・・・・・・・・・・・・・・・・・・・・・・・・・・・・・・・・・・・・・・・・・・・・・・・・・・・・・・・・・・・

*Q* 「バターを室温に戻す」とは？

*A* ケーク生地などを作る時、冷たいままのバターだと、卵を加えた時、
分離するので、あらかじめ20〜25℃の室温において、やわらかく
してから使用します。特に、冬場の気温が低い時は、作業を始め
る前に早めに出しておくか、電子レンジで数秒温めても良いです。

**Q** 「オーヴンの温度」「焼成時間」はどんなタイプも同じですか？

**A** レシピに登場するお菓子は、全て一般的な家庭用電気オーヴン（コンヴェクションタイプ）を使用して作りました。ガスオーヴンの場合は、火力が強いので、焼成時間が短くなると思われます。オーヴンによってクセがあるので、家庭のオーヴンにあった温度に調節をして下さい。焼成時間はあくまで目安ですので、特に厚みのある生地は、竹串を刺して、生の生地が何もついてこないことを確認するようにします。

**Q** 「泡立てる」時の器具は？

**A** 泡立て器（ホイッパー）を使って手で立てても、ハンディーミキサーを使用しても構いません。「ゆるめに泡立てる」とある場合は、状態をこまめに確認でき、立て過ぎも避けられるので、手立ての方が向いています。「角が立つまでしっかり泡立てる」時や、分量が多い時、時間を要する時には、一定の速度で立てることが出来るミキサーが適しています。

**Q** 「チョコレートを刻む」、「チョコレートを割る」、「チョコレートを粗く刻む」と方法が違うのはなぜ？

**A**
- 刻む ………… チョコレートにあまり熱を与えないように、早く溶かしたい時は、出来るだけ細かく刻んだ方が良い。
- 割る ………… チョコレートの中に入っているフリーズドライやナッツなどの食感を残したい時は、刻まずに手で割ると良い。
- 粗く刻む …… 特にレ・グランデシリーズのチョコレートのように、ナッツが丸ごとゴロゴロ入っている場合、見た目も食感も残したい時は、粗く刻むと良い。

「チョコレートを溶かす」方法は？

 チョコレートを入れたボウルを湯煎にかけて溶かすやり方と、
電子レンジで溶かすやり方の2つの方法があります。
＊詳細は、P143のテンパリングの方法、プロセス①を参照ください。

 「パイピング用コルネ」はどのように作る？

 製菓材料店に、[パイピング用コルネ]という商品でも売られていま
すが、クッキングシートを直角三角形（約20×35cm）にカットして、
60°角部分を内側に丸め、それを主軸にして円錐形になるように丸
めて作ることも出来ます。

 「切るようにさっくり混ぜる」とは？

 プロセスで生地、生クリームやメレンゲなどを他の食材と混ぜる時に
登場する言葉ですが、ゴムベラを持った手を時計回り、材料を入れた
ボウルを反時計回りに動かしながら混ぜるやり方です。小麦粉を入れ
た生地に粘りを出さないようにするため、または、生クリームやメレ
ンゲの気泡を潰さないようにするためです。

 オーヴンの予熱について教えてください！

 オーヴンの予熱設定は、プロセスの最初にほとんど組み込んでいま
すが、予熱温度の立ち上がり時間は、オーヴンによって違います。
立ち上がりの早いオーヴンを使用される場合は、作業プロセスの途中
で、頃合いを見ながら予熱設定を行ってください。

「マスコバド糖」「カソナード」「きび砂糖」って何?

 マスコバド糖は、フィリピンのネグロス島で生産される黒砂糖。含蜜糖で、サトウキビ本来の風味が味わえ、国産の黒砂糖よりもクセがないため、チョコレートの風味を損ないません。カソナードは、レユニオン島で収穫されるサトウキビ100%で作る精製されていない砂糖。風味豊かで、キャラメルのような香りが特徴です。きび砂糖は、同じくサトウキビが原料ですが、精製途中の砂糖液を煮詰めた砂糖。グラニュー糖より風味はありますが、黒糖のようなクセはありません。

チョコレート以外の材料と型に関して知りたいです!

 レシピに登場する食材は、スーパー、製菓材料専門店、あるいはネットで検索すれば手に入るものを使用しています。また、型に関しても同様に、製菓専門道具店や製菓材料を扱う専門店、ネットでも購入可能なものです。同サイズの型がなくても、お手持ちの型で工夫しながら、お菓子作りを楽しんでください。

## スムーズな作業のコツ

① 前もって、必要な材料の計量を全て行い、パーツごとに分けておく。

② レシピにある5つのプロセスに、一度目を通す。

③ 材料表にあるパーツのタイトル(太字)と、プロセス頭にあるタイトルはリンクしているので、材料を確認しながら、1つずつ、パーツごとに作業を進める。

# $\mathcal{Q}$  テンパリングって何だろう？

$\mathcal{A}$  カカオには、「カカオバター」と言われる油脂分が含まれていて、チョコレートの口どけ、凝固させる役割をつかさどっています。

カカオバターは、30℃くらいまで固形状態でありながら、33〜34℃では液体に変化します。チョコレートが店頭に並んでいる時は固形で、ひとたび口に入れると、トロリと溶けていくのは、カカオバターのおかげなのです。

しかし、このカカオバターには、温度によって分子の並び方が変化する特徴があるため、テンパリングと呼ばれる、温度調節が必要となります。

溶かしたチョコレートをただ固めるだけでは、分子が最も粗く固まり、ムラがあって、ツヤのない状態です。

溶かして（＝溶解温度）、一度分子をバラバラにし、25〜28℃（チョコレートの種類による）まで温度を下げる（＝結晶温度）と、結晶も細かく、分子の詰まりが緻密になりはじめます。

ただ、この温度では、結晶化するスピードが早く、すぐにかたくなり作業性が悪いので、分子の詰まりを壊さない程度まで、わずかに温度を上げます（＝作業温度）。

この状態が、最も緻密な分子構造であるため、食べた時の理想的な美味しさと口どけが生まれます。これが、テンパリングの仕組みです。

チョコレートの美味しさ、見た目の美しさは、カカオバターにしかない特別な分子構造とテンパリング（温度調節）に鍵があるのです！

### チョコレートのブルーム

テンパリングした時、作業温度を上げ過ぎたまま固めると、チョコレートが固形化した後、表面に白く粉をふいたような状態になります。これは、カカオバターが浮き上がって固まったものです（＝ファットブルーム現象）。構造的には、結晶化の安定性がありますが、粗いので、食べた時に、ザラつきを感じ、口どけに時間がかかってしまいます。夏場、気温の高い時に、室温に置いてやわらかくなったチョコレートを、再度冷蔵庫で固めた場合に起きる現象と同じです。

# テンパリングの方法

① 刻んだチョコレートをボウルに入れて溶かす。( = 溶解温度 )

　2つ方法があります。1つめの方法は、チョコレートを入れたボウルより、ひとまわり小さい鍋に水を入れて火にかけます。沸騰したら火を止めるか、ごく弱火にして、ボウルをのせて湯気の柔らかい熱で溶かします。(ボウルの底がお湯に浸からない状態であること!)

　もう1つの方法は、電子レンジ(500W)に10〜20秒ずつかけて、その都度取り出して状態を確認しながら溶かします。電子レンジは、中心に早く熱が入りやすく、一度に設定時間を長く取ると、チョコレートが焦げて、香りや風味が損なわれるので注意しましょう。

② チョコレートの温度を下げる。( = 結晶温度 )

　2つ方法があります。1つめの方法は、湯煎から外したボウルを氷水につけ、ゴムベラで混ぜながら温度を下げていきます。＊この時、水がチョコレートの中に入らないように気をつけましょう。

　もう1つの方法は、マーブル台にチョコレートを流し、パレットで練るように混ぜながら温度を下げます。温度が下がったら、手早くボウルの中に回収します。＊タブラージュと言われるこの方法は、表面積が広がるので、温度が下がりやすく、量の多いチョコレートのテンパリングに適していますが、慣れるまでテクニックを要する方法です。

③ チョコレートの温度を上げる。( =作業温度 )

　こちらも、①の作業同様、湯煎でも電子レンジでも可能ですが、上げる温度がわずか数度なので、温度計で確認しながら慎重に作業します。＊もし温度が上がり過ぎた時は、もう一度、②の作業に戻り、結晶温度まできちんと下げます。または、極少量のチョコレートの場合は、ボウルの底と周囲をドライヤーで温めながら温度を上げることも出来ます。

## テンパリングの温度

|  | 溶解温度 | → | 結晶温度 | → | 作業温度 |
|---|---|---|---|---|---|
| ダークチョコレート | 45〜50℃ | → | 27〜28℃ | → | 31〜32℃ |
| ミルクチョコレート | 40〜45℃ | → | 26〜27℃ | → | 28〜29℃ |
| ホワイトチョコレート | 40〜45℃ | → | 25〜26℃ | → | 26〜28℃ |

STAFFS
レシピ制作・撮影スタイリング：千住麻里子
撮影：川上陽子
装丁・デザイン：小田嶋暁子
写真提供：CHOCOLADEFABRIKEN LINDT & SPRÜNGLI AG
　　　　　　LINDT & SPRÜNGLI JAPAN CO.,LTD.


フロム　　　リンツ　　メートル　　ショコラティエ
from Lindt Maître Chocolatier
# リンツのチョコレートと55のレシピ

2020年1月16日　発　行　　　　　　　　　　　NDC596


著　者　Lindt
　　　　リンツ
発行者　小川雄一
発行所　株式会社 誠文堂新光社
　　　　〒113-0033 東京都文京区本郷3-3-11
　　　　[編集] 電話03-5800-3621
　　　　[販売] 電話03-5800-5780
　　　　https://www.seibundo-shinkosha.net/
印刷所　株式会社 大熊整美堂
製本所　和光堂 株式会社

© 2020, CHOCOLADEFABRIKEN LINDT & SPRÜNGLI AG
Printed in Japan
検印省略

ISBN978-4-416-71941-1